동백꽃 그 여자

전춘희 에세이

오늘의문학사

동백꽃 그 여자

■ 서문

밤새 눈이 내렸는지 아침에 일어나보니 마당이 온통 하얬다. 마당에 쌓인 눈을 보면서 세 살짜리 아이는 자박자박 신을 신고 눈 위를 걷는다. 뽀도독, 뽀도독, 세상과의 첫 대면이다. 내 삶의 기억은 그날 아침으로부터 시작된다.

늘 그날처럼 환하고 신기하고 행복할 줄만 알았다. 내게는 아무 일도 일어나지 않은 그 아침의 기억처럼 평화로울 것이라고 생각했다. 하지만 그 평화에 쨍그랑, 어디선가 돌이 날아왔고 그 돌은 고요하게 흐르던 평화를 깨트려버렸다.

아름다운 봄날이 다가고 여름이 올 무렵 생일을 일주일 남기고 많이 아팠던 동생은 숨을 거두었다. 죽어도 자신의 병들고 힘든 모습을 보이기 싫어했던 동생은 병원으로부터 연락을 받고 그녀의 엄마가 기진한 걸음으로 병원 계단을 오르고 있을 때 손을 흔들며 우리 곁을 떠나버렸다.

내게 있어서 동생이 병을 얻고 급작스레 가버린 것은 큰 슬픔이자 충격이었다. 밤마다 아버지는 울음을 토해내고 엄마는 고추밭에서 소매 끝을 훔쳤다. 가족들은 날마다 마음이 쓰리고 아파서 쿨럭댔다. 동생을 황망히 보내고 내 안에 남은 상처를 치유하는데 책을 읽고 글을 쓰는 이만한 놀이는 없었다.

언니는 맑은 공기 좋은 생각을 하면서 숲에서 살아. 나는 왜 진즉 숲을 알지 못했을까? 좀 먼저 알았다면 그 달디단 공기를 마시며 살았을 텐데. 자신의 과거가 반추라도 되는 듯 담담하게 얘기하던 동생의 낮은 음성이 들려오는 듯하다.

아무 일도 안 일어나는 삶에서는 좋은 글이 나올 수 없다. 나는 이렇게 쓰기라도 해야 내 안의 상처가 아물 것 같았다. 마음이 울적하고 동생이 보고 싶을 때마다 펜을 들고 끄적거렸다. 그렇게라도 하지 않으면 숨이 막힐 것 같아 나는 그 슬픔과 상처를 내면으로 삭혀 곰삭게 만들었던 것 같다. 그래서 그 시간들을 스스로 위안하며 견뎌냈다. 여러 해가 그렇게 저물어 갔다. 이제는 담담할 수 있겠다.

세상에는 힘들거나, 어렵거나, 어떤 일로 괴롭거나 하는 사람들이 내가 생각하는 것 보다 많을 것이다. 그까짓 일이 무어 그리 대수냐고 하는 사람들도 있겠지만 내 이야기가 당신의 상처받은 마음을 위로해 주고 어루만져 주는 그런 치유 기능을 했으면 좋겠다.

그리고 이 책은 세상에 태어나 즐겁게 살다 간 동백꽃 그 여자들한테 바친다.

흰눈이 펑펑 내리는 겨울, 선운사 동백꽃이라도 보러가야 할 것 같다.

흰눈이 오락가락 하는 날 아침에-

●●● 차례

2 산에 들에

3 조팝꽃이 날리네

4 저문 날의 풍경

1

선운사 상사화가 보고잡다

자연으로 돌아가다

오랜만에 도서관에 왔어요. 늘 하던 버릇대로 2층 자료실에 들러 무슨 책이 새로 들어왔나? 구경하는 것도 저에게 책 읽는 것 말고도 유일한 낙이 되었어요. 갑자기 기온이 내려간 요즘 비가 내리고 나더니 날은 청명하고 공기도 달아 더없이 좋은 날이에요. 더군다나 더위도 한풀 꺾여 그동안 모기에게 사정 봐줄 것 없이 죄다 뜯겼던 살들이 이제야 좀 진정되고 있습니다.

지난 일요일에는 하루 앞서 동생의 49제를 지내고 왔습니다. 전 내세 같은 것 안 믿지만 갑작스런 인간의 죽음이 너무 허망하여 인간은 종교를 만들지 않았나 생각합니다. 가족의 죽음을 실제 체험한다는 것은 남은 가족들에게는 커다란 충격이 되는 것 같습니다. 어제까지만 해도 명랑한 목소리와 따뜻하던 손길이 오늘은 들을 수도 없고 만질 수도 없고 볼 수도 없다는 생각을 하면 가슴이 아픕니다. 어디 먼 나라로 여행이라도 간 사람처럼 아무런 소식이 없습니다. 그게 참으로 이상한 일입니다.

동생은 분명히 흙으로 돌아갔습니다. 동생의 몸에 제가 삽으로 흙을 퍼 덮어주었으니까요. 아마도 동생에게 있어서 흙은 이불보다 따뜻한 무엇이 되었을 것입니다. 이불보다 따뜻한 무엇. 이제 살은 삭아서 우리가 먹고 마시는 상추나 배추 민들레 엉겅퀴 벌레들을 키우는 거름이 될 것이고 뼈는 삭아 가루가 되어 이 세상의 논밭을 기름지게 하여 살아남은 자가 먹고 마시는 좋은 에너지가 될 것입니다.

그럼 영혼은 무엇이 될까요? 영혼은 하늘로 올라가 별이 되겠지요? 저는 그렇게 믿고 싶었어요. 과학이 아니더라도 동생이, 하늘 보면 보이는 별이 되었으면 좋겠다는 생각을 했어요. 어떤 책에서 읽으니까 사람이 죽으면 그 영혼은 새로 태어날 아기의 영혼 속으로 들어간다고 하더군요. 어쩌면 그 말도 일리 있는 말이에요. 옛날 시골에서는 사람이 죽으면 혼 불이 그 사람의 몸에서 빠져나간다고 하잖아요? 그렇게 빠져나간 영혼이 혹시 태어나는 아기에게 들어가는 것은 아닐까요? 그리하여 그 아기의 영혼으로 오래오래 살 수 있다는 것, 그것은 인간에게 희망이잖아요. 그런데 자신이 아기의 영혼 속으로 들어갔다는 것은 왜 모르는 것일까요? 우리를 만들어 놓은 조물주는 그것은 비밀? 이라고 해 둔 것 같아요. 인간이 죽으면 건너는 강이 있는데 그게 레테의 강이래요. 그 강을 훌쩍 건너면서 이승의 모든 기억을 다 잊어버린대요. 기독교에서 말하는 요단강이 레테의 강이 되는 셈이죠. 그렇게라도 생각하면 앞서 가버린 동생의 안타까운 삶이 저에게는 조금 위로가 되겠지요?

'선 감도 떨어지고 익은 감도 떨어지고'라는 말을 들으며, 그래요. 자연은 가끔 선감도 떨어트리고 익은 감도 떨어트리고 세상에 태어나 원 없이 자신의 일을 하면서 누릴 행복 다 누리면서 가는 인생도 있겠지만, 그렇지 않은 인생도 있죠. 개인의 가족사를 들여다보면 그 속에 작은 아픔 하나씩 다 들어 있더군요. 그러니 산 사람은 또 하하 호호 웃으며 건강하게 살다가 익은 감 되어 떨어지게 되면 그때 가서 그 영혼들을 만나면 되겠지요?

동생은 그렇게 자연으로 돌아가 소식도 없고 이렇게 왁자지껄한 여름이 다 지나가는데도 수시로 전화를 해대면서 이번 휴가는 동해로 가자 서해로 가자 남해로 가자 어쩌고 할만도 한데 아무런 소식도 없는 것을 보니 가긴 간 모양이에요. 인간의 삶이 허망하긴 하지만, 어쩌겠어요. 때로 잊고 살면서 행복할 수도 있는 것을……. 이 세상에 존재하는 흙, 바람, 구름, 내리는 비, 공기, 풀, 나무, 꽃, 벌레 등이 되어 내 동생은 이 우주 공간에 머물고 있을 겁니다. 우리 곁에서, 우리 콧구멍으로 들어오는 공기가 되어 우리의 밥상에 오르는 푸성귀가 되어 저녁 하늘에 비친 노을이 되어 저 새벽녘에 불어오는 바람이 되어 호젓한 밤에 내리는 가을비가 되어 우리 곁에 머물겠지요? 그러니 안타까워 할 일도 서러워 할 일도 없겠지요? 애써 그렇게 생각하고 싶습니다.

그렇게 동생은 자연이 되었습니다. 흙 속에 저 바람 속에 버무려져 자신이 떠나왔던 무성한 숲으로 돌아갔습니다. 저는 그 숲에 대고 안타깝게 손을 흔들었습니다. 아름다운 내 동생아 잘 가거라 하고. 마흔도 채 못 채우고 가버린 동생을 안성천주교 공원묘원에 묻고 오면서 동생이 남긴 유언들을 생각했습니다.

"나 세상에 있을 때 나로 인해 마음 다친 사람들이 있다면 다 용서하라"는, 그리고 지금도 이 세상에 씨앗으로 남긴 두 점 새끼들을 생각하면 안타까워 어떻게 눈을 감았을까 싶은 아이들을 못 잊어 "언니 내 아이들을 부탁해"라는 말을 떠올리며 말없이 지는 저녁놀을 바라보았습니다.

인간의 삶이 때로 그렇게 허망해도 이 우주는 우리가족의 슬픔과는 상관없이 잘 돌아갑니다. 소털 하나 빠진 만큼의 흔적도 남기지 않고, 그렇게. 그게 이 우주의 법칙입니다. 그게 자연스러운 일이고요.

가을이 오고 있습니다. 잘 들리지 않고 잘 보이지 않더라도 예민한 감각하나로 뛰어난 감성을 발휘하셨듯 지금 그만큼만 행복하게 건강하게 잘 지내시길 바랍니다.

선운사 상사화가 보고 잡다

깊은 밤에 홀로 깨어 있습니다. 아이들 잠든 머리맡으로 가을을 재촉하는 비가 내리고 있습니다. 베란다 홈통으로 떨어지는 빗방울 소리를 듣고 있자니 혼자 분위기는 다 내고 있는 듯 하여 기분이 좋으면서도 미안한 마음이 드네요. 어제까지만 해도 햇살은 여전히 바늘로 찌르듯 따가웠는데 그 햇살 또한 가을들판의 곡식을 익히는 영근 햇살이라서 고맙기 그지없는 햇살임에도 앗, 따가 앗, 따가 간사한 인간의 마음으로 수선을 피웠습니다.

추석이 지나고 나니 갑자기 그 생각이 납니다. 고창에 있는 선운사 석산 말입니다. 당신은 핏빛으로 물든 그 꽃을 상사화라 불렀지요. 그 꽃은 애틋한 유래가 전해져 내려오고 있는 속세에서는 상사화라 부르고 학명으로는 꽃무릇 또는 석산이라고 하는 꽃이랍니다. 추석 무렵 한창 피어나는 가을 상사화를 못 잊어 아직도 애틋하게 그때를 그리워하는 당신을 볼 때마다 저도 가을 선운사 개울가에 처연하게 핀 핏빛 석산을 보고 싶은 마음이 간절해집니다.

누군가 정말 그럴듯하게 지어 내려온 고창 선운사 상사화 얘기 좀 들어 보세요. 어쩌면 지명도 전북 고창 선운사라고 그리고 빗대어 스님과 근동 처녀라니, 문학성까지 살린 이 작품의 완벽한 구성을 보세요. 정말 그럴듯하죠? 어느 마을 처녀 총각의 이야기였다면 그저 선남선녀의 사랑 이야기거니 할 수도 있는데 그게 구도의 길을 걷는 스님과 아리따운 처녀의 이야기라면 그 설정만으로도 그 사랑의 깊이는 훨씬 깊고 큰 것이 되겠지요?

옛날 전북 고창에 있는 선운사에 젊고 잘 생긴 스님이 있었답니다. 추석이 가까운 어느 날 젊은 스님은 근동으로 탁발을 나가게 되었습니다. 스님이 어느 마을을 지나고 있는데 그 동네 처녀 하나가 스님을 보고 사랑하는 마음이 싹트게 되었답니다. 처녀는 선운사까지 찾아가 젊은 스님의 얼굴을 한 번만이라도 더 보고 싶어 했지만 스님은 처녀의 마음을 곧 알아채고 냉정하게 외면한 채 산 속의 토굴 속으로 들어가 나오지 않았답니다. 그러자 그만 처녀는 상사병이 나버렸고 이미 혼인을 약속했던 남자 측에서는 이런 사실을 알고 혼인을 파기해 버렸답니다. 그렇게 되자 처녀는 집에서조차 쫓겨나고 말았고요. 처녀는 넋을 잃고 젊은 스님이 들어갔다는 토굴을 찾아 산속을 헤집고 다니다 기진한 채 끝내 죽고 말았답니다.

얼마 후에 처녀의 시체를 찾은 동네 사람들은 처녀가 죽은 자리에 예쁜 꽃이 핀 것을 발견하였대요. 그런데 어찌된 일인지 식물은 잎이 먼저 자라다 없어진 후에야 꽃대가 나오고 꽃이 피었답니다. 끝내 다시 만나지 못한 처녀와 젊은 스님처럼 꽃과 잎이 서로 만나지 못하는 것이었습니다. 훗날 사람들은 선운사 일대에서 피는 이 꽃을 상사화라 부르게 되었는데, 추석을 전후로 예쁜 꽃이 피는 이 식물을 꽃이 피기 전에는 상사초라 부르고 꽃이 핀 후에는 상사화라 부른답니다. 남쪽 지방 사람들은 이 꽃을 절꽃이라고 부른다네요.

참으로 애틋한 이야기죠. 그런데 제가 보기에는 당신이 쓴 시가 더 좋았습니다. 비록 다 외우지는 못하고 석 줄이 인상에 남지만. 앞부분은 어디로 도망을 간 것인지…….

> 내 젊은 날 차라리 널 닮아
> 저고리도 벗어 주고 고무신도 벗어주고
> 으스름 달밤에 꽃대 되어 섰을 걸

이런 저런 이유로 그 전에는 좋아하지도 않았을 석산이라는 꽃을 그날 이후로 좋아하게 되었습니다. 그저 꽃이려니 보고 말아도 될 것을 넋을 놓고 바라보는 아름다운 감성을 지닌 당신을 사랑한 것처럼 그날 이후 저도 그 꽃의 처연함을 좋아하게 되었습니다. 그 시를 짓고 나서 당신은 그랬지요. 그 꽃을 본 심정은 젊은 날 사랑을 꿈꾸고 살 수도 있었는데 그렇게 해보지 못한 한이 맺혀서 그런 시를 써보게 된 것이라고.

십여 년 전 가을 어느 날 찾은 선운사에서 서정주 시인의〈선운사 동구〉시비가 선운사 입구에 서 있고 선운사 뒷산 동백나무 숲만 무성히 사람들 입에 회자되고 있을 무렵 스스로도 늘 동백꽃이 피면 보러 오리라. 동백꽃이 피면 보러 오리라. 동백 꽃 모가지 통째 뚝뚝 부러지는 그 동백 보러 오리라 다짐하며 막걸리 집 육자배기 가락을 읊조리며 아쉬워했다던 당신.

하지만 어느 가을 우연히 들른 선운사 개울가에 무리지어 피어난 석산에 아 이럴수가! 이렇게 아름다울수가……. 얼마나 놀라고 감탄을 했는지 넋을 잃고 바라보았다던 석산(일명 상사화)을 다시 한번 보고싶다 했지요. 당신은 동백꽃을 본 것 보다 더 큰 감동을 안고 집으로 돌아갔다 했습니다.

언젠가는 한 번 더 보러 가리라. 그때는 네게 줄 뭔가를 꼭 안고 가리라. 당신은 다짐을 했다죠. 아마도 석산이 그렇게 아름다운 이유가 꽃 자태도 자태지만 그 꽃에 얽힌 유래의 그럴듯함이 보태져 더 아름답게 빛났을 것입니다.

언젠가는 보러 가야죠. 곧, 곧. 그래서 그 열기 식은 몸에 뜨거운 피가 돌도록 북돋우고 와야죠. 육신도 영혼도 그 붉은 피로 가득 채워지도록, 그리하여 꼭 그 석산만큼의 뚝뚝 흐르는 피로 수혈을 하고, 다시 일상을 핏물 고이듯 한 번 살아 봐야죠.

아직도 창밖으로는 비가 내리는 모양입니다. 늘 그렇게 즐겁고 행복하게 지내시기를 바랍니다. 아마도 이 비가 그치고 나면 금세 싸늘해진 가을이 될 것 같습니다. 가을 감기 조심하시고 다음에는 쑥부쟁이가 필 즈음 편지를 하게 될 것 같습니다. 부디 이 빗속에서 평화로운 밤이 되시기를…….

쑥부쟁이는 피고 지고

편지 쓰시라고 만년필 하나 사두고 이렇게 시름없이 가을 햇살만 시들고 있습니다. 간다간다 하고 3년이라더니 그 꼴 날까 싶습니다. 아직 다녀오지 못한 것은 제가 게을러서겠지요? 바쁜 것 핑계겠지요? 다른 이유는 없습니다. 하지만 기다리세요. 목 빠지게 그리운 사람 곧 갑니다.

지난 주말과 휴일에 1박 2일로 고향 섬마을에 다녀왔습니다. 동생 떠나고 처음 가는 길이어서 마음이 좀 복잡하고 쓸쓸하고 외로웠지만 누구하나 내색하지 않고 표면적으로는 명랑한 척 하고 간 그립고 애틋한 고향 섬마을이었어요. 큰 맘 먹고 간 거죠. 늘 누추한 곳이라고 생각했던 곳이 떠나온 뒤에 더 그리워지고 가보고 싶은 것은 왜일까요? 거기 머무를 때는 고향이 주는 푸근함이나 따뜻함 같은 것을 느끼지 못했는데 이렇게 멀리 떠나와서야 비로소 고향의 따뜻함과 된장 냄새처럼 구수한 어떤 향수를 느끼는 것을 보면 저도 나이가 들어간다는 증거겠지요? 나이는 곡선으로 드는 것이 아니고 꺾은 선으로 든다는 말 실감하고 있습니다. 아버지를 봐도 그렇고요. 살면서 자식들 자라는 것만 알았지 아버지 늙어가는 것 생각하지 못했습니다. 요즘 우리 아버지 많이 늙어버렸습니다. 보기에 안쓰러울 정도로요.

고향마을은 그대로인데 담이며 골목길 해안가 전망 좋은 산자락을 돌면서 펼쳐진 멋진 풍경도, 이곳에 비할 바가 못 되게 실하고 탐스럽게 빛나는 밤하늘의 별빛도, 여전히 철썩이며 들려오는 파도도 예전 그대로였습니다. 점점이 부표 띄운 양식장도 그대로인데 몇 가지 변한 것은 본섬과 소라도를 잇는 아치형의 다리가 로버트 제임스의 실화소설로도 유명하고 영화로도 상영이 된 프란체스카와 사진작가 킨케이드의 나흘간의 사랑이야기를 그려낸 『메디슨 카운티의 다리』보다 더 예쁘게 거기 놓여 있어 운치를 더 해주었습니다. 아치형 다리를 지나 섬마을 사람들의 쾌속선이 지나갔지요. 그 풍경 바라보며 억새 흐드러진 갯바위에 앉아 소회에 잠겼습니다.

초등학교 중학교 때 소풍을 갔던 해송숲이 우거진 해안가는 물이 들고 날 때마다 자갈자갈 소리를 내던 주먹만 한 자갈돌은 30여년이 흐르는 동안 파도에 다 닳아 손톱만하게 작아져 옥수수 알 뿌려 놓은 듯했습니다.

그런 마을마다 쓸쓸한 기운이 감도는 것은 단지 기분 때문일까요? 앞서거니 뒤서거니 허리가 앞으로 뒤로 꺾인 굼뜬 노인들이 사는 곳에 눈물도 날 것 같지 않은 마른 눈에서 기어이 먼저 간 동생이 낳은 조카들을 바라보며 꺼억꺼억 울어대던 큰어머니의 호미 같던 손을 붙잡고 저도 잠깐 소리죽여 울었던 것 같습니다.

밤이 되자 아버지는 술을 드시고 먼저 잠자리에 들고 젊은 우리는 어른 애 할 것 없이 해안가 밤마실을 나서 다리를 건너갔다 오자 자정이 지나 있었습니다. 하늘의 별을 헤며 돌아오는 길도 해송 숲에서 국수가락 빠져 나가는 듯한 바람소리를 들으며 걷는 밤하늘의 풍경도 괜찮았습니다.

파도소리를 자장가 삼아 들으며 살았던 저는 해송 숲에서 불어오던 바람과 한여름에 하늘을 향해 뜨겁게 피어오르는 하늘나리를 떠올려보았습니다. 늘 제 곁에서 나는 자연이다, 라고 외치듯 불어오는 바람이나 파도를 보고 자라온 탓에 자연이라는 것은 늘 그렇게 생동하는 것인 줄 알았습니다.

파도소리를 들으니 당신의 파도야 어쩌란 말이냐를 다시 한 번 듣고 싶었습니다. 산 중에서 파도야 어쩌란 말이냐를 읊는다는 것 자체가 특별한 행위라는 생각을 했습니다.

아, 그러고 보니 그전에 보지 못했던 민박시설의 입간판을 보니 죄다 유명한 외국의 관광지나 휴양지 이름입니다. 하와이거나 남태평양, 와이키키, 하얀집 등이 있었습니다. 왜 캐리비안은 없었는지……. 우리가 묵은 집은 그냥 집이 하얘서 하얀집이라는 간판을 쓴 것 같은데 거기에서 가장 아름다운 집이었기에 하와이를 포기하고 들어간 곳이었어요. 그런데 그 집에까지 파도 소리가 들렸어요. 방 두 개를 얻었는데 우리가 묵은 방은 우도 장구도였는데 풀어보면 소섬과 장구섬이 되겠지요. 물론 거북섬도 있고 소라도도 있어요. 거기 있는 방 이름은 실제로 거기에 있는 섬 이름을 갖다 붙인 것이었는데 재미있었어요. 방으로 들어갈 때마다 오늘은 소 등짝에서 하룻밤을 묵겠군, 하면서 들어갔지요.

다음 날은 아버지의 묘지를 보러갔지요. 봉분 앞으로 바다가 내려다보이는 전망 좋은 묘지였는데 아버지는 그곳에 묻히고 싶어 했어요. 자, 저기가 내가 묻힐 자리다, 라고 가리킨 곳을 보니 쑥부쟁이가 지천으로 피어 있어요. 아름다운 꽃이죠. 바람에 흔들거리며 보라색으로 피어 있는 모습이 왜 그리 쓸쓸해 뵈던지, 아버지가 돌아가실 때까지 쑥부쟁이가 피고 지고 피고지고 할 것인지…….

저를 여기 있게 한 조상들의 묘 앞에서 아버지는 봉분 하나하나를 가리키면서 여기는 늬이 증조부, 여기는 증조모, 여기는 조부님 여기는 할머니, 여기도 할머니…… 그러면 여기 할머니가 아버지를 낳아 준 할머니 맞아요? 하니까 아녀, 그 할머니는 영감 옆에 묻혔제, 하시네요. 세 분의 할머니를 둔 할아버지는 그 옛날 땅 부자로 일꾼을 둘씩이나 두고 부엌일을 하는 드난살이까지 두고 있었답니다. 할아버지의 축첩 활동?이 그때는 흉이 되지 않은 시대였지요. 아버지가 그 일을 부끄러운 일로 여겼다면 그런 얘기는 안 했을 겁니다. 전 아버지의 유년시절과 청년시절의 고뇌를 알고 있기에 울 아버지 도련님이었네, 혼잣말로 중얼거렸습니다.

아버지는 새삼스런 감회에 젖는 듯 오랫동안 봉분 주변을 둘러보았습니다. 우리는 할머니 할아버지 곁에서 재롱 피우는 손주들마냥 봉분주변에 둘러앉아 가을 햇살을 온몸으로 받으며 바다를 바라보았습니다.

우리가 그렇게 햇살을 받고 청설모가 털갈이를 하고 쑥부쟁이가 보랏빛으로 피고 생강나무가 잎을 떨구고 억새가 억시게 피고 사람들은 따뜻하게 입을 옷을 챙기거나 추운 겨울 동안 먹을거리를 준비하는 사이 벌써 시월 하순이 코앞에 와 있었습니다.

산소를 돌아서 나오는 길 우리를 배웅이라도 하듯 쑥부쟁이는 피어 한들거리고 있었습니다. 언젠가 한번, 죽기 전에 꼭 한번이라도 우리 다시 그곳에 가서 밤하늘의 별을 헤아리면서 윤동주의 서시를 읊어보고 밤바다에서 들려오는 파도소리를 들으며 유치환의 파도야 어쩌란 말이냐를 읊어 본다면 마음 가득 잔잔한 행복이 묻어 나올까요?

이 빠진 것 마냥 빠진 식구들이 있어서 조금은 쓸쓸하고 애틋하고 슬픈, 복잡한 마음이었지만 잘 다녀왔습니다. 언젠가 사 둔 만년필은 다니러 갈 때 꼭 가져갈게요. 쑥부쟁이 다 지기 전 다니러 가겠습니다.

은행 이야기

몇 년 전인가 친정집에서 하룻밤 머물던 때의 이야기에요. 남편의 천식 때문에 쫄깃쫄깃한 은행 알을 씹어 먹을 때면 가끔 생각나곤 해요. 지금 생각해도 웃음이 나오네요. 드라마틱한 반전이요. 현장감 있게 얘기를 해드릴게요.

몇 년 전 가을비가 추적거리며 내리는 새벽녘이었어요. 잠 없는 어머니 아버지가 새벽녘 어스름 속에서 소곤거리는 소리가 들렸어요.

“아 싸게 허시요.”

“아 장비는 갖추고 가얄 것 아녀? 지난번에는 너무 짧아서 영 거시기 하던디. 이번에는 조깐 더 야물게 철사로 잘 감아야 쓰겄어.”

저는 귀를 쫑긋 세우며 전해지는 목소리에 귀를 기울였어요. 열어 둔 창 쪽에서는 토두락 토두락 빗방울 떨어지는 소리가 났어요. 베란다 앞 쪽에 심겨진 느티나무며 목련의 검은 그림자가 거실에 드리워져 흔들렸고요. 그림자는 맨바닥에도 느티나무 잎사귀를 만들어 내며 흔들렸고 거실 벽에도 나뭇잎의 검은 그림자가 퍼져 흔들렸어요. 저는 그런 그림자를 실눈을 뜨고 가만 살펴보았어요. 간간히 바람이 거실로 들어오는 기척도 느껴졌는데 날이 새려면 아직 먼 것 같았죠. 몇 시나 됐을까. 거실 벽에 걸려 있는 시계로 눈길을 주었으나 어두워 잘 보이지 않았습니다.

"아따 비도 온 것 같은디 모자도 푹 눌러쓰고 가씨요. 누군가에게 들키기라도 하는 날이면…… 으메 생각만 해도 거시기허요."

도란도란 들려오는 그 소리를 들으며 저는 여전히 실눈을 뜬 채 주변을 살피고 있었지요. 엄마의 몸서리치는 모습이 눈에 보이는 듯 했어요.

"설마 뭔 일이야 있을라구? 작년에도 나가 재미를 봤응게. 이번에도 꼭 성공 헐 것이여. 암 그렇고 말고."

"아따 방심마씨요. 어저께만해도 그류, 거 하필 경찰서 옆이서 그 일을 치르느라 월매나 혼났는지 아, 우리가 트럭으로 내빼고 있을 때 거 순경하나 괜히 의심스런 눈빛으로 한없이 우리 꽁무니를 안 쫓고 있읍디여? 가재미 눈으로 째리면서 말유."

엄마의 손이 바지춤 옆선께를 꼭 움켜쥐기라도 하듯 은근한 떨림까지 느껴졌어요.

"하이고 오금이 저리서 원. 하마터면 쇠고랑 찰 뻔했당게."

주섬주섬 연장인가 뭔가를 챙겨들고 현관으로 나가던 아버지가 다시 들어왔어요.

"아따 빗방울이 솔찬히 떨어지네. 바람도 부는디?"

아버지는 무언가를 찾으며 연장을 더 단단히 손을 보고 계셨어요.

"매미가 제주도 끄트머리에 왔으니께 바람이 분다는 말도 맞제? 근디 어째 그리 쬐깐한 것이 그 큰 비바람을 몰고 다니까 이? 한 주먹 가심도 안 되는 거이. 한 주먹이 뭐여. 한 손톱 가심도 안 되는 거이 참말로 웃기당게."

엄마와 아버지는 궁시렁거리며 다시 현관을 나갔어요. 엄마, 아버지가 나가고 저는 창밖 가로등 불빛이 어스름이 비쳐드는 거실바닥에 누워 있다가 눈을 떴어요. 한참을 눈을 뜬 채로 휘둘러보고 있으니 주변의 사물들이 익숙해졌지요. 가만 시계를 보니 벽시계는 새벽 다섯 시를 가리키고 있었어요.

'아니 이 새벽에 엄니 아부지는 어딜 가는 거야?'

저는 아랑곳없이 다시 단잠에 빠져 들었고 한 시간이나 지났을까? 현관문 열리는 소리가 났어요. 그리고 다시 소곤거리는 소리가 들렸어요.

"바람까지 불어서…… 그래도 한 봉다리는 되는구먼."

탁탁 옷 터는 소리와 함께 신발 벗는 소리가 났지요. 저는 따끈따끈한 거실바닥에서 등짝을 떼면서 일어나 앉았어요.

"이 새벽에 어디 다녀오우. 교회라도 다녀오우?"

저는 희한한 엄니 아부지의 몰골을 보면서 덜 깬 잠을 털어냈지요.

"응? 일어났냐? 아녀 은행 털어 왔다."

"뭔 은행?"

그러고 보니 아부지 손에는 정말 은행이 한 봉지 들려 있었어요. 그때부터 이상하게 구리구리한 냄새가 온 집안에 풍기기 시작했습니다.

정말 매미가 북상하고 있는 그날 밤 아버지는 중무장을 하고서 은행을 털어왔어요. 잠 없는 새벽 두 노인네가 인적 없는 가로수 길을 어슬렁거리고 있는 시각 매미는 제주도를 거쳐 뭍으로 올라오고 있는 중이었다니까요. 지금도 그 생각하면 웃음이 나와요. 물론 이 이야기는 제가 다듬은 것이긴 하지만 그날 밤 어머니 아버지의 행동은 정말 가관이었어요. 혼자서 그 생각하면 지금도 빙그레 웃음이 나와요. 은행을 털고 있는 노부부를 볼 때면 왜 그런지 어머니 아버지 생각이 나요. 여전히 잘 지내시겠지만 건강한 모습으로 흰 눈이 펄펄 날리는 겨울 어느 날 혹시 사립짝 은행나무에서 쫄깃한 은행알이 생각나면 꼭 한번 갈게요. 늘 그만하게 그 모습 그대로 지내시기를 바랍니다.

누리장나무와 백발의 할머니

문경새재 3관문 가는 길, 계곡 옆으로 열매를 맺고 벌어져 있는 누리장나무를 만날 수 있었습니다. 참으로 오랜만에 꽃과 열매를 봤습니다. 저 아래 섬마을 내 고향에도 누리장나무 꽃과 열매 많이 피었더랬습니다. 작황 좋은 가을 콩처럼 검은 씨앗이 보석처럼 반짝이며 달려 있었습니다. 한번도 그 구린내 나는 누리장나무의 까맣게 익어 빛나는 열매와 뒤집어진 꽃받침을 보석반지라고 생각해 본 적 없으나 그날만큼은 물빛에 비치는 누리장나무열매를 보니 흑진주 박힌 반지 같다는 생각이 들었습니다. 까만 열매를 뒤집어진 꽃받침이 받치고 있다는 생각이 문득 들더군요. 그러고 보니 언젠가 당신이 한 말 내가 아직 젊고 요즘 시대에 태어났다면 좀더 연애를 신나게? 해봤을 것을, 이라는 말을 했던 당신을 기억해 냈습니다. 흑진주 반지가 어울릴 것 같은 당신의 입에서 불쑥 그런 말이 튀어 나온 것을 보면서 사람은 젊으나 늙으나 여자나 남자나 살아 있는 동안 그런 꿈을 꾸고 사는구나, 생각했습니다. 저는 그게 속된 말로 남사시럽다거나 천박하다거나 하는 생각이 전혀 들지 않았습니다. 오히려 그 반대로 인간의 내면에 숨겨진 자연스러운 본성을 표현한 것이라고 생각했습니다. 그게 자연스러운 거죠? 그 나이에도 마음이 젊은 당신이 아름답습니다.

누리장나무는 꽃과 열매가 참 예쁜 반면 구리한 냄새를 풍겨 사람들이 싫어하기도 합니다. 그런데 생각해보면 향기라는 것도 그렇습니다. 어떤 사람은 자신의 뇌 속에 기억 된 향기 바구니에서 좋은 냄새와 나쁜 냄새를 구분해 놓고 있다가 맡기 좋은 냄새만 좋아하는 사람이 있고 또 어떤 사람은 구리한 냄새를 좋아하는 사람도 있는 것 같습니다. 아마 우리 뇌에서 어떤 냄새를 맡고 그 냄새를 인식할 때 뇌 속에 있는 어떤 신경에 의해 이 냄새는 나쁜 냄새, 이 냄새는 좋은 냄새, 하고 분류를 해 두었기 때문이 아닌가 하는 생각이 듭니다. 이 냄새는 나쁜 냄새이고 이 냄새는 좋은 냄새이니 그렇게 생각하라, 라고 지시를 내리는 것이겠지요. 그래서 우리는 누리장나무에서 나는 냄새를 나쁜 냄새로 분류하는 것일지도 모르고요. 아마도 가죽 나무 선점에서 나는 냄새를 어떤 사람은 고소하다고 하고 어떤 사람은 싫은 냄새라고 하는 것을 보면 냄새도 개인의 취향이 아닌가 싶습니다.

누리장나무를 보면 고향 마을의 눈이 샛별처럼 반짝이고 볼이 호물짝 들어간, 볼이 마치 반쯤 말린 곶감 같던 백발의 할머니 생각이 납니다. 큰집 가는 골목길을 가다보면 나이가 너무나? 들어 허리가 ㄱ자로 꼬부라진 꼬부랑 할머니가 한 분 있었는데 그 할머니는 거의 백 살쯤 되는 할머니로 할머니의 전형을 생각할 때마다 떠 올려지는 할머니상입니다. 할머니라고 하면 늘 우리 할머니 외에 그 할머니가 먼저 떠오릅니다.

그런데 큰집엘 가다가 그 할머니를 가끔 골목길에서 부딪치게 되는데 사람이 오는 기척이라도 느끼면 정말 ㄱ자로 꼬부라진 허리를 펴지도 못한 채 고개를 외로 돌려 자신의 어깨 죽지 너머로 저를 돌아보곤 했습니다. 늘 저를 니 누고? 하는 눈빛으로 바라보다가 제가 큰집 사립짝에 들어설 때까지 제 뒤통수를 그 맑은 눈으로 뒤쫓곤 하였습니다. 끝까지 제가 누군지, 어느 집 손녀인지 알아차리지도 못하고 있다가 퍼뜩 무슨 생각이라도 났는지 무슨 말인가 하고 싶어 입술만 달싹달싹하곤 했습니다. 이가 다 빠진 입술이 자신의 의지와는 상관없이 달싹일 때마다 사람이 늙어 이가 빠지면 저렇게 되는구나, 그게 이상하다거나 밉다거나 하는 생각 없이 그냥 신기하게만 생각 되었습니다.

그런데 그 백발이 성성한 할머니를 만나는 장소가 또 하필이면 은석이네 변소 간 옆이어서 시골 변소라 냄새는 안 나지만 변소 간 옆에서 자라고 있던 누리장나무 냄새는 그곳을 지날 때마다 코를 자극하곤 했습니다. 그래서 그런지 누리장나무 냄새를 맡을 때면 늘 변소 냄새라고 생각하게 되었는데 아마도 우리 동네 사람들은 누리장나무를 변소나무라고도 하고 그 나무에서 나는 냄새를 변소냄새라고도 했습니다. 그러니까 지방말로는 똥낭구가 되는 거죠.

좁은 골목길에서 할머니를 피해 지나가자면 꼭 누리장나무를 스윽 스쳐가곤 했는데 스치면서 잎에 상처가 생겨 냄새가 나곤 했습니다. 그런데 일반적으로 사람들은 그 냄새를 싫어하더군요. 하지만 저는 그 냄새를 고소하다고 생각합니다. 아마도 그 이유는 그 할머니 때문이 아닌가 싶습니다. 백발이 성성한 할머니의 모습과 이가 다 빠져 호물짝 오므라들어 달삭거리고 있던 입술과 사람을 바라볼 때는 ㄱ자로 꺾여진 상태에서 고개를 외로 돌리던 할머니, 그 할머니는 그 후 얼마 지나지 않아서 99세인가 백 살인가 해서 돌아가시게 되어 그 골목길에서 그 할머니를 보는 날도 그리 많지 않았습니다.

누리장나무, 하면 늘 그 골목길과 그 할머니가 생각나곤 합니다. 시골에서 산 사람에게 그러한 풍경은 덤으로 얹혀지는 그림 같은 추억이 되겠지요. 그런 시골에서 자랐다는 것이 때로는 살면서 큰 행복이 되기도 합니다.

홍시 자시러 오시오, 란 말 아직 기억하고 있는데 세월은 속절없이 이렇게 흐르고만 있습니다. 까치가 내 몫마저 다 파먹고 말 것인지 걱정이 되긴 하지만 까치한테 보시한다는 것도 의미 있는 일이라는 생각이 듭니다. 늘 건강하게 잘 지내시고 올 한해 정말 잘 살았구나 생각되어지는 한해가 되었기를 바라며 세밑 안부 전합니다. 새해에는 지금만큼만 건강하시고 마음 수양 많이 하시고 해맑은 모습으로 한 번 뵐 수 있기를 바랍니다.

저승 갈 땐 연꽃을 타고

소식이 없는 것을 보면 또 감기에 걸려 골골거리며 아랫목 방구들을 차지하고 있거나 아니면 너무 바빠 편지를 못하거나 둘 중에 하나겠거니 짐작만 하고 있습니다. 흰 눈 다 녹으면 그때서야 감기가 나아 편지 한 장 받아 볼 수 있지 않을까 기다리고 있는 중입니다.

설에 집에 갔다가 먼 친척들이나 친구들, 오래된 직장 동료들 얘기를 듣다가 제가 20대에 만난 좀 특별한 친구 생각이 났습니다. 친구에게 할 말은 아니지만, 어쩌면 저렇게 못생긴 애가 세상에 또 있을까 싶도록 잘 생기지를 못했어요. 인상이 나쁘다기보다는 그 인상이 보편적인 20대에 맞지 않다는 얘기입니다. 벌써 20대에 아줌마? 냄새를 풍기듯 큰 얼굴에 입술은 모이 쪼는 닭 주둥이처럼 삐죽 나와 있고 자글자글 한 이마의 주름, 심한 곱슬머리에 그래서 늘 머리는 자신의 말마따나 소쿠리를 얹고 있는 듯한 모습이었어요. 처음엔 뭔 저런 애가 다 있다냐, 하면서 지냈는데 어느 날 회의 때나 아침 조회 때 교육장에 모이면 늘 그 애 주변에는 사람이 많앉어요. 왜 그러나 하고 저도 옆에 가서 앉아 봤는데 가만보니, 그녀한테는 누구한테도 없는 묘한? 매력이 있었어요. 그 옆에 사람들이 바글거리는 이유가 있었어요. 그녀는 말을 아주 재미나게 하는 매력이 있었어요. 그녀의 재미난 이야기를 듣기 위해 모두들 그녀 주변에 모여들었죠. 물론 저도 그 중의 한 사람이었구요. 화장실이고 식당이고 근무가 끝나고 기숙사 휴게실이라도 가서 보면 그녀는 항상 사람들에 둘러싸여 있었어요. 같은 말이라도 그녀는 아주 재미나게 했는데 동료들은 모두 거기에 푹푹 빠져들었지요. 저는 그녀의 감칠맛 나는 일상적인 이야기를 들으면서 밤을 새우기도 했어요. 그녀는 이 시대의 사하라자드였던 거죠.

그런 애가 어느 날 화장실에서 지나가듯 저에게 전 씨네 하면서 자기아버지도 전 씨라고 하는 거예요.

"아니 너는 맹 씨잖아?"

"응, 그렇지만 우리 아버지는 전 씨야."

"어떻게 된 건데?"

"말하자면 복잡한데 내가 그 집에 양녀로 들어갔어."

"으응 그랬구나."

그녀로서는 쉽게 말하기 힘들었을 이야기를 했어요.

오빠만 하나 있는 집이었는데 아버지는 경찰이어서 집에 있는 날이 별로 없었답니다. 어머니, 오빠로부터도 환영받지 못했고 초등학교만 졸업하면 집에 있다가 시집보낼 참이었는데 어떻게 중학교는 가게 되었고 고등학교는 담임선생님이 납부금을 대주어 가게 되었대요. 아직도 그 납부금을 갚지 못했는데 이번 주말에 그 납부금을 갚으러 갈 참이다. 함께 가지 않을 거냐. 나는 전주 덕진구에 산다. 그렇게 하여 그녀와 함께 전주라는 곳엘 가보게 되었어요. 자신이 다녔던 학교 교정을 둘러보고 전주비빔밥까지 맛보며 돌아다니다가 덕진구에 있는 덕진 공원도 갔지요. 물은 흐리고 지저분한데 연꽃이 한창이었어요. 한 번도 타 본 적이 없는 물놀이용 배를 타고 노를 저어 가다가 그녀가 물었어요.

"연꽃이 참 이쁘다. 나는 천주교 신자지만 정신은 불교 쪽에 더 가까운 것 같아. 저런 연꽃을 보면 가물가물하지만 죽은 엄마 아빠 생각도 나고…… 엄마는 늘 기침을 하면서 누워만 있었고 아빠는 항상 초췌한 모습이었어. 할머니가 있었던 것 같은데 늘 요강만 비워댔지. 방안에서는 지린내만 나고……."

"……."

"내가 죽으면 연꽃 타고 저승 가야지."

"왜?"

"나는 이 세상을 살면서 너무 힘든 꼴을 많이 보고 산 것 같아."

"어쭈, 얼마나 살았다고 서른 살도 안 살아보고 어떻게 그런 말을 하니?"

"안 살아봐도 다 알아."

정말 그녀는 어릴 때부터 눈칫밥을 먹어서인지 사람들 마음을 꿰뚫어 보는 것이 남달랐어요. 그즈음 그녀는 한 남자를 마음에 두고 있었고 그것은 일방적인 그녀의 외 사랑이었지만 그녀는 정말 행복해 보였어요. 그런데 애석하게도 그 남자는 다른 여자를 향한 그리움으로 목이 쉬도록 노래를 불러 이 친구한테 보내주었어요. 그러면 이 친구는 저에게 그 테이프를 들려주면서 별 추억도 없는 남자 이야기를 밤이 새도록 했어요. 그러니까 그 남자는 다른 여자를 그리워하고 있었고 그녀는 그런 남자를 사랑했지요. 가끔 그 남자한테서 편지가 왔어요. 대부분이 어떤 여자를 향한 그 남자의 절절한 이야기였지만 그녀는 그 남자가 녹음하여 보내준 테이프를 밤새도록 들었어요. 그 남자가 보내준 테이프를 제가 듣고 있어도 그 남자가 곁에 있는 것처럼 느껴졌어요. 그 남자가 어떤 여자를 향한 사랑이 지나쳐서, 아니면 절절해서 나까지도 그렇게 느껴졌던 것 같아요. 남자가 기타를 치면서, 봄바람 불고요/개나리 활짝 피면/ 저기 저만큼 님이 올까요~ 하면서 애절하게 부르는 노래는 가슴을 후벼파는 애절함이 담겨 있었지요.

결국 몇 년이 흐른 후 그녀는 그 남자와 결혼하지 못하고 다른 남자와 연을 맺어 살게 되었고 딸만 둘을 낳고 살다가 어쩌면 그녀의 어머니에게서 물려받았을지도 모르는 폐결핵으로 심한 기침을 하다 아이 둘을 남기고 죽고 말았다는 소식을 전해 듣게 되었어요. 세상에 태어나 좋은 부모 밑에서 자라지도 못하고 사랑하는 남자한테 사랑받지도 못하고 그 공원의 흙탕물 같은 세상에 살았던 그녀가 정말 저승으로 갈 때는 연꽃을 타고 갔을라나 하는 생각을 맥없이 해 보았어요. 험한 세상일지라도 좀 더 살지 못하고 일찍 떠나버린 건 아쉽지만 그녀가 정말 극락 같은 좋은 곳에 가서 살게 되기를 마음으로 빌어 보았어요.

당신은 꿈꾸던 인생을 살고 있나요

그래요, 요즘 매화가 지고 나니 물앵두가 자지러지듯 깔깔거리며 피어오르더군요. 꽃은 향기를 더하며 만발한데 저는 왜 그 꽃 앞에서 숙연한 슬픔이 이는지…… 제가 흐드러진 매화꽃 앞에서 그렇게 마음을 어쩌지 못하고 있을 때 당신은 병원에서 시들한 시간들을 책으로 달래고 있었다는 것이 믿겨지지 않습니다. 정말 당신이 아프지 않았다면 금세 저에게 안부 편지라도 띄웠을 것인데, 편지 기다리며 혼자 마음 졸이고 있었습니다.

벌써 20일이 지났군요. 아직 파울로 코엘료의 당신은 꿈꾸던 인생을 살고 있습니까? 의 물음표가 붙은 『흐르는 강물처럼』을 전 읽지 못했습니다. 그 나이에는 눈이 안 보여서 읽지 못하는 경우도 많은데 정말 대단하십니다. 비록 하느님은 어두운 귀와 잘 안 보이는 왼쪽 눈을 주셨지만 다행히 오른쪽 눈은 밝아서 한 눈으로도 감사하는 마음으로 그렇게 많은 책을 읽으니 건강하나 게으른 저보다 몇 배는 더 행복해 보여서 다행입니다.

얼마 전에 이사 관계로 책 정리를 하다가 책꽂이에 꽂혀 있던 편지 한 묶음을 발견했습니다. 그 편지 읽어보다가 한쪽에 얌전하게 정리 되어 있는 누런 갱지가 궁금하여 펼쳐보니 생명의 숲에서 숲 공부를 하게 된 동기와 향후 계획서가 들어 있었습니다.

당신이 내 고향을 가고 싶어 하였듯 저도 가끔은 진주 남강에 가고 싶었습니다. 아직도 제 고향바닷가에는 푸른 파도가 넘실댄답니다. 숲에 대한 기억은 별로 없었습니다. 태어나서 자란 곳이 물결 넘실대는 바닷가였기 때문입니다. 하지만 그 바닷가 작은 섬마을에도 솔숲에서 불어오는 비린 바람이 있었고 그 바람으로부터 마을을 지켜주는 방풍림이 있었습니다. 야산 둔덕에 키가 하늘을 찌를듯한 동백나무와 소나무 숲에서 부는 국수 가락 빠져 나가는 듯한 바람소리는 제가 자라는 동안 늘 제 친구가 되어 주었습니다. 지금은 떠나와 그리움만 커지는 섬마을이지만 가끔 그 섬에 가게 되면 어릴 적 걸었던 해안도로를 따라 걸어봅니다. 그 솔숲 사이를 걷노라면 작년, 여름이 시작될 무렵 투병생활을 하다 남매를 두고 먼저 가버린 동생 생각이 납니다. 소나무 숲 속에 들어 앉아 바다로부터 아우성을 치고 올라오는 바람소리를 들으며 그 바람 소리가 동생의 영혼은 아닐까 하는 생각을 하면서 동생이 살았을 적 했던 말을 떠올려 보곤 합니다. 숲 속 공기가 달다며 맨발로 숲길을 걸었던 기억이며 오이풀을 뜯어 팔뚝에 툭툭 쳐서 주고 맡아보라고 하면 싱싱한 오리풀냄새가 나네 하면서 큼큼거리던 일이며 비목 잎을 비벼주면 이게 무슨 향기야, 레몬 향이네 하면서 좋아하던 일이 떠오릅니다. 가죽나뭇잎의 선점을 비벼주면 동생은 참 고소하다, 라고 하면서 난 왜 이런 숲을 미리 알지 못했을까, 뒤늦은 후회를 하는 동생의 한숨소리를 들으며 마음 아팠던 기억이 납니다. 그런 후에는 말수가 줄어 한 시간이 지나도 말 한마디 하지 않았습니다. 지금 와서 생각하면 안타깝기만 한 일이지만 그럴 때마다 나는 왜 동생에게 따뜻한 위로의 말이나 한번쯤 꼭 안아주고 같이 울어주지 못했을까 하는 후회로 마음이 더욱 아파오곤 했습니다. 힘든 투병 생활을 이기지 못하고 동생은 끝내 삶의 끈을 놓고 말았지만 바람이 불 때마다 그 바람 속에 동생의 호흡의 느껴지곤 합니다. 사람이 죽는다고 이 세상에서 사라지는 것은 아니다, 늘 이 우주의 한 공간에서 무엇인가로 무엇인 채로 그렇게 가족들 곁에 남아 있는 거라고 혼자서 위로를 해 봅니다.

이상하게도 요즘 주변에서 암으로 힘든 투병생활을 하거나 부모를 여의거나 자식을 여의거나 하는 일들을 더러 목격하게 되면서 내 나이가 그런 상황들을 겪게 되는 나이가 되었나 고개를 갸웃거려봅니다. 그런 생각을 하면서 속으로 제가 앞으로 얼마나 살 수 있는지 제 수명을 점쳐보곤 합니다. 아마도 지금 이 시점이 인생의 정점에서 내리막길을 걷고 있는 것이라면 삶의 가운데서 병사하거나 사고사가 아니라면 90은 넘게 살지 않을까 하는 생각을 합니다. 목숨은 내 마음대로 되는 것이 아니고 이 우주를 주관하는 신의 뜻이겠지만. 전에는 그런 생각 안 하고 살았는데 동생 보낸 후에는 좀 착하게 살아야 되지 않을까? 하는 생각을 해 봅니다.

태초에 제가 세상에 한 일원으로 나올 때 자연을, 흙을, 숲을 꿈꾸고 살았던 것처럼 앞으로도 그런 인생을 살지 않을까요? 조금 여유가 있다면 세상의 다른 풍경들도 구경하면서 안으로는 동생의 마음을 소중히 기리고 가족의 건강한 삶을 챙기며 바깥으로는 더 많은 아이들이 숲을 알고 나무를 알고 가꿀 줄 아는 건강한 어른으로 자라는데 제가 배운 지식 또는 사상 철학 등이 조그마한 싹을 틔우는데 비나 산소처럼 소중한 무엇이 되었으면 좋겠습니다. 여전히 저는 아이들과 함께 숲 속을 뛰어다닐 것입니다. 지금처럼 이렇게, 내가 태어나 처음으로 눈을 밟았던 그 겨울 아침의 느낌으로 그 기분으로. 비록 피고 지는 봄날 꾸는 짧은 꿈일지라도 그 꿈이 행복했으면 좋겠습니다. 당신의 꿈도 내 꿈도.

유년의 편린

***시작 전에**

그동안 몸살을 앓으면서 귀는 점점 더 멀어지고 말았다는 소식에, 아이구! 싶었습니다. 저야 조상 덕으로 생득적으로 얻어진 체력으로 많은 일들을 하면서도 꿋꿋하게 버티며 잘 살고 있지만 당신은 늘 몸이 그렇게 튼실하지 못하니 그것도 참 고역이겠다 싶습니다. 봄날은 너울너울 산 너머로 넘어 가는데 제 정신은 무기력한 몇 날이 되고 말았습니다. 하루 종일 꾸물럭 꾸물럭 굼벵이 마냥 꾸물럭거리며 살았던 것 같습니다. 개구리가 땅 위로 나왔다가 뿌구국 놀라 다시 들어갔다는 경칩이 지난 지가 벌써 언제인가요. 봄이라서 일까요. 만산에 분홍빛이 너울대는데 저는 혼자서 기진해 있습니다.

애써 틈을 내 윤동주의 시 '사랑스런 추억'을 몇 번이고 읽어보았습니다. 읽다가 문득 당신의 목소리로 이 시를 낭독한다면 더욱 좋을 텐데 하는 생각을 해 봅니다.

젊은 날, 사춘기를 맞으며 불안한 모습으로 세상 속으로 편입해 가던 저를 그 시를 통해 들여다봅니다. 계절이 바뀔 때마다 무리에 속하지 못하고 혼자 부유하고 다니던 저를 그러면서 또 사랑스런 추억을 되새겨봅니다. 누구를 사랑 한 것도 아닌데, 그런데 그냥 그렇게 그리움처럼 봄날은 가고 그리움처럼 제 유년이 떠오르고 몸살을 앓던 사춘기가 떠오르고 기억 속에서 한없이 둥둥 떠다니던 그 섬이 떠오르는 것입니다. 윤동주의 시를 그런 상념 속에서 조용히 낭독해 봅니다.

봄이 오든 아침, 서울 어느 조그만 정거장에서
희망과 사랑처럼 기차를 기다려
나는 플랫폼에 간신한 그림자를 떨어트리고
담배를 피웠다.
내 그림자는 담배 연기 그림자를 날리고
비둘기 한 떼가 부끄러울 것도 없이
나래 속을 속, 속, 햇빛에 비춰 날았다
기차는 아무 새로운 소식도 없이
멀리 나를 실어다 주어
봄은 다 가고-
동경 교외 어느 조그만 하숙방에서
옛 거리에 남은 나를 희망과 사랑처럼 그리워한다.
오늘도 기차는 몇 번이나 무의미하게 지나가고
오늘도 나는 누군가를 기다려 정거장 가차운 언덕에서
서성거릴게다.
아아 젊음은 오래 거기 남아 있거라.

저는 이 시를 읽다가 마지막 부분 '젊음은 오래 거기 남아 있거라' 에서 문득 잠깐 숨을 멈춰봅니다. '젊음은 오래 거기 남아 있거라' 윤동주 평전을 오래전에 읽었어요. 윤동주에 대한 강한 인상이 아직도 남아있구요. 스물일곱 나이를 화석처럼 간직한 채 떠나버린 젊은 시인 윤동주를 읽었습니다.

***편린**

그제는 흑수선을 보았고 어제는 일본 영화 역(驛)을 보았어요. 일본영화를 봐야겠다고 생각하게 된 것은 우리 정서와 맞고 기억을 끌어올리는데도 좋을 것 같았기 때문이었습니다.

몇 년 전 겨울, 후쿠오카를 간 적이 있었어요. 첫날 들창이 흔들릴 만큼 바람이 불었어요. 도시는 조용했고 사람 그림자도 볼 수 없을 만큼 거리는 한산했어요. 그리고 날은 포근했어요. 일본에서도 남쪽지방을 갔기 때문일 것입니다. 하지만 밤이 되자 바람이 불었고 그날 밤 군불도 때지 않은 다다미방은 낮에 비해 몹시 추웠고 불빛은 조도가 낮아 음산하기까지 했지요. 그렇게 다다미방 나무 침대에서 허름한 잠을 자고 난 날 아침에도 바람이 불었어요. 저는 묘하게도 혼자 서글픔을 느꼈던 것 같아요. 그러면서 늘 바람이 불었던 제 어린 시절을 떠올리고 있었습니다. 혼자 있는 것 같은 외로움과 촉수 낮은 백열등처럼 우울한 기분이 들었어요. 일본이라는 장난감 같은 나라에 대해 서글픈 생각이 들었던 것은 왜였을까요? 지금 와서도 가끔 바람 불던 그날을 떠올리면 슬픈 생각이 들어요. 일본은 아마도 전생에 저와 무슨 인연이 있었거나 아니면 미래에 저와 무슨 인연이 닿을지도 모를 일이죠.

어린 시절, 추운 겨울 하교 길에 고갯마루에서 마을을 내려다보면 가난한 섬 마을, 빨간 양철 지붕 위로 밥 짓느라 하얀 연기가 모락모락 피어오르기도 하고 해질녘 마을 앞 바다에 이제 마악 들어가고 있는 해는 홍시처럼 붉었습니다. 언젠가는 붉은 노을이 들어가는 저 바다를 건너 뭍으로 나갈 수 있으리라. 그리고 맨 처음 기차를 타 봤으면 좋겠다 라는 생각을 했습니다. 봄이면 학교 가는 길 신작로를 지나 언덕에서 마을을 내려다보면 마을은 온통 안개로 가득 차 있었습니다. 그럴 때마다 가슴이 뭉클해져 왔는데, 날이 구물거리고 흐릴 때면 땅바닥 가까이 바짝 엎드려 쑥쑥 날아가는 제비 떼를 보면서 곧 비가 올 것이라는 점을 치기도 했어요. 어른들로부터 배운 지혜였지요.

驛(역)이라는 곳은 늘 그 자리에 가만히 있으면서 뜨내기들을 가슴으로 안아줍니다. 사랑을 잃고 어디론가 떠나는 자를 안아주고 누군가를 죽이고 도망하는 자도 잠깐 품어줍니다. 그리고 사랑하는 사람들의 이별에도 잠깐 안아주었다가 그들이 다시 재회하는 곳이기도 합니다. 그렇게 역은 시작되죠. 사랑하는 사람들이 이별하는 장면부터……. 누군가 떠나고 재회하고…… 말없이 품어주는 역, 이 영화를 보면서 몇 가지 기억을 떠올리게 만든 장면이 있었습니다. 눈물과 유서와 떠남이 그것인데요.

"어머니가 팥밥을 지으며 울더군요. 어머니가 우는 건 처음 봐요." 주인공은 아이와 아내를 떠나보내고 선배에게 쓸쓸하게 말합니다.

*눈물

어머니의 눈물, 저는 딱 한번 어머니가 목 놓아 울던 것을 목격한 적이 있어요. 어린 시절 아마 제가 초등학교도 들어가기 전이었는지도 모릅니다. 어머니는 양동이를 이고 부엌으로 들어서면서 나가려던 아버지를 향해 뭐라고 말을 했습니다. 둘 사이에 몇 마디의 말이 오고 가고, 아버지는 물동이를 마악 내려놓은 어머니에게 다짜고짜 언성을 높였습니다. 그러자 어머니는 뭐라고 대꾸를 했고요. 아버지는 물동이를 내려놓는 어머니를 향해 물이 가득 든 물동이를 어머니에게 내던져버렸어요. 어머니는 물을 흠뻑 뒤집어 쓴 채 잠시 망연히 서 있었어요. 아버지는 그래두고는 그길로 마당을 가로질러 탱자나무 울타리에 너울대는 뒷모습을 보이고는 사라져버렸습니다. 저는 어머니 치맛자락을 붙잡고 겁에 질려 있었어요. 어머니는 저를 이끌고 방으로 들어가더니 하얀 한복(소복)을 꺼내 입고는(왜 그 옷을 입고 울어야 했는지 아직도 잘 모르겠지만, 아마도 어머니는 친정으로 갈 모양이었는지도 모릅니다.) 문설주를 붙들고 흐느껴 울었어요. 저는 어머니의 우는 모습을 보면서 참 정갈하다, 고 느꼈습니다. 그리고 잠시 뒤에는 슬픈 감정이 살아나 어머니의 꺼져가는 울음을 따라 저도 엉엉 울었던 기억이 납니다.

*유서

역 이라는 영화에서 한 마라토너가 자살을 했는데 텔레비전에서는 그 마라토너가 가족에게 남긴 유서가 공개됩니다. 유서에는 “어머님! 어머니가 지어준 따뜻한 밥은 참말로 맛있었습니다. 감사합니다. 형수님 매실로 만들어준 그 장아찌 맛은 내내 잊지 않고 있습니다. 그리고 셋째 형수님 형수님이 해 주신 빨래와 방 청소는 미안하고 고마웠습니다. 성가시게해서 죄송합니다. 모두 감사했습니다." 하는 말을 남기고 죽어요.

저는 여기서 유서란 무엇일까 하는 생각을 해 보았어요. 유서라는 것은 살아 있는 자들에게 남긴 마지막 흔적 또는 영원히 자기를 잊어버리지 말라는 어떤 메시지일지도 모릅니다. 저는 살면서 몇 번인가 유서를 쓴 적이 있어요. 한번은 사춘기 때 부모님의 관심을 끌기 위해서, 한 번은 진지하게 인생을 설계하는 예비부모교육에 참가해서, 또 한 번은 학교에서 소설 작문시간에, 이렇게 세 번의 유서를 써 봤지만 정말 제가 죽으면 어떤 유서를 남길까, 유서를 남기고나 죽을까? 어느 날 갑자기 죽는 경우라면 그런 것도 못 남기고 죽을지도 모른다. 저는 '나의 묘비명'이라는 제목으로 묘비명을 써 둔 적은 있어요. 어디선가 읽었던 것을 기억하여 비슷하게 적어 둔 것뿐이지만 내게는 참 멋진 묘비명이었어요. 내용은 '섬에서 태어나 하늘과 바다와 구름과 햇살을 사랑한 스물일곱 전실라(그때 당시에 지어둔 필명?) 여기에 잠들다'라는 조금은 싱거운 내용의 묘비명이었어요. 어쨌거나 섬에서 태어나, 무슨 인연으로 많은 사람들이 육지에서 태어나 자라는데 저는 섬에서 태어나 자라나게 되었을까 하는 생각을 하면서 잠깐 신의 농간? 또는 재간?을 떠올려보면서 제 묘비명은 생겨나게 되었습니다. 좀 외로운 스물일곱 어느 날 라일락 향이 날리는 노란 봄날 오후 기숙사에서 책을 읽다가 써 놓은 것일 겁니다.

*떠남

영화의 첫 장면에 남자와 여자는 헤어집니다. 여자는 남편과 멀찌감치 떨어져 아이와 가위 바위 보를 하다가 기차가 떠나려 하자 발판을 딛고 차에 오릅니다. 여자는 손을 흔들며 눈물을 흘리지만 곧이어 남자를 향해 웃어 보입니다. 그리고 곧 기차는 시야에서 멀어지고 남편의 표정은 굳어갑니다.

항구에서 남자는 집으로 가는 여객선을 기다리고 있습니다. 바다에서 불어오는 폭풍우 때문에 결항이 되고 남자는 하룻밤을 선창가 선술집에서 보내게 됩니다.

제가 섬을 떠나 온 것은 사춘기 무렵이었습니다. 바람이 많이 부는 선창에서 어머니는 처음으로 육지에 내보내는 딸과의 이별이 서운했는지 손을 흔드는 내 앞에서 소매 자락은 자꾸만 눈가에 가 닿았습니다. 배가 멀어지면서 어머니의 머리카락이 거스러지고 있었어요. 그렇게 고향인 섬을 떠나왔습니다.

역이라는 영화가 내 정신에 미친 몇 가지 영상들을 떠 올려 보았습니다. 바람이 부는 언덕과 섬 그리고 한없이 쌓여만 가던 눈, 저렇게 해서 봄은 언제 오나 싶을 정도로 쌓여만 가던 눈…… 정말이지 그 눈을 보면서 봄은 다시 오지 않을 것 같았어요. 영화에서 봄은 오지 않은 채 끝이 나죠. 가슴에 서늘한 냉기가 스며들었어요. 그것은 기분 좋은 냉기였고 청량제 같은 것이었습니다.

'역'을 통하여 어린 시절을 만나고 그리고 거기서 빚어진 눈물과 떠남과 편린 몇 가지를 기억하게 되었어요. 역은 제가 젊었던 그 시간을 떠올리게 만들었어요. 그 시절이 외롭고 힘이 들고 고통스러웠다해도 내게는 아름다운 추억으로 남아있으니까요. 시간이라는 술은 세월이 흘러 삭아지면 맛있게 농익어 추억이라는 술로 다시 생겨납니다. 생각하면 아름다운 술, 추억.

오늘도 누군가는 역을 떠나겠지요. 늘 떠난 곳에는 다시 빈자리가 생기고 다시 누군가가 와서 그 시간을 채우고 떠나가겠지요? 인간은 와서 떠나갑니다. 누구도 예외 일 수는 없는 거죠. 신을 빼고는…… 그 시간이 영원할 수는 없는 것이니까요. 하지만 염원은 할 수 있겠지요? 몸이 비록 떠나더라도 젊음의 향기는 오래도록 거기 그곳에 머물러 있거라. 하면서 기원할 수는 있겠지요? 정말 제 영혼은, 제 젊음은, 윤동주의 시처럼 오래도록 아름답게 그곳에 머물러 있기를 기원해 봅니다.

흰 비둘기를 안고 스무 살의 강을 건너던 청년의 고뇌

여태 무사하셨다니 다행입니다. 소식이 없으면 늘 걱정부터 앞서던 걸요. 그래 휴가 계획은 세웠는지요. 그러고 보니 휴가철이네요. 이렇게 비가 많이 오면 강원도 설악산이며 속초 근처 아니면 전라도 해남이나 다도해 섬을 지치도록 돌아다녔던 기억이 나네요. 이즈음 동생은 휴가계획 세우느라 전화통에 불이 났을 텐데, 아무 소식이 없는 것을 보면 이 지상에는 이미 없는 사람이 된 게 맞긴 맞나봅니다.

몇 년 전 여름휴가 때 우리는 아버지와 함께 고향 섬마을에 갔습니다. 때는 장마철로 중부지방에서부터 내린 비는 거의 일주일 내내 계속되었습니다. 남쪽으로 내려가면 그치겠거니 했던 비가 언제 우리를 따라왔는지 여전히 빗속이었습니다. 휴가라고 가서 내리 낚시질만 3일을 하고 그리고 섬 일주를 두 번씩이나 하고 장마에 외삼촌댁에 폐만 끼치는 것 같아 그냥 우리는 올라가겠다고 했습니다. 신이고 옷이고 다 젖어 입을 게 없었습니다.

마를 새도 없이 비가 내렸기 때문에 우리는 빨랫줄에 젖은 옷을 그대로 널어놓은 채 사천 원짜리 슬리퍼를 사 신고 아버지가 손수 운전해 주는 트럭을 타고 소라도 뱃머리로 향했습니다. 그때까지도 비는 계속 내리고 있었지요. 솔직히 섬이라고 해봤자 트럭으로 4,50분이면 일주 끝인 자그마한 섬이었습니다. 걸어 다니면 더 좋을 거리였지만 어쨌건 그때는 비가 왔으니까요.

아버지의 트럭은 덜컹거리며 공동묘지 부근을 지나가고 있었습니다. 아래쪽 해안가에서는 바닷물이 찰싹이고 있었는데 갑자기 어떤 생각이 나셨는지 아버지는, 청년이었던 스물두 살 때의 이야기를 해 주었습니다.

"나가 스물두 살 때 말이다, 결혼에 실패하고 방황하던 때였느니라, 장흥장을 보고 독선을 대절해 소라도 부두에 닿지 않았겠냐?"

"아니, 아부지는 객선에 맞춰 나오지 왜 배를 떨구고 말았어요?"

"나가 결혼에 실패하고 방황하고 있었당게."

저는 아버지의 방황이라는 말이 묘한 어감으로 다가오는 것을 느끼며 이야기를 재촉했습니다.

"그란디 소라도에 도착해보니 12시가 되야부렀더라, 늦은 밤이라 적적하고 다리도 아프고 해서 담배 한 대를 피우고 있는디 지게에 앉아 있던 비둘기가 후루룩 날아가지 않겄냐?"

"아니 웬 비둘기가?"

"아야, 나가 한 마리 사왔제 장흥 장에서."

"푸흐훗 비둘기는 왜 사와?"

"하두 적적해서…… 그란디 그놈이 갑자기 날아가부러서 한참이나 찾아

헤맸당게. 찾아댕기다 봉께로 어째 묏등도 많고 이상하드랑게, 가만히 보니 공동묘지더라 이거여 이? 그래 이거이 뭐이여 하믄서 없응게 냅둬불고 다시 너르박에 앉아 담배를 피우는디 아야 그 흰비둘기가 날아와 지겠작대기에 앉지 않겄냐? 그래 그놈을 지게에 지고 그 재를 넘었니라."

참 별일이다 싶게 나는 아버지의 흰비둘기 이야기를 듣고 있었습니다. 물론 당신은 그래서 그게 어쨌다는 거냐 라고 물을 수 있지만 다음 얘기를 들어보면 아버지에 대한 제 생각을 이해 할 수 있을 거예요.

아버지는 부잣집의 서자로 태어나 불우한 어린시절을 겪으며 살았답니다. 물질적으로야 그때 당시 사람들의 생활에 비하면 그리 어려울 것은 없었지만 정신적으로 많은 고민을 하고 살았던 것 같아요. 스물두 살에 결혼을 하고 결혼에 실패를 하고 어머니를 만나게 되기까지 많은 과정이 아버지에게는 고뇌의 시간이었던 것 모양이에요. 스물 둘 청년이 겪어야 할 이야기로는 그리 유쾌한 것은 못 돼지만 철이 들어? 지나고 보니 첫 여자에 대한 아버지의 미련도 있었겠지요. 열 몇 살 때는 할아버지와 떨어져 지낸 적도 있고 할머니와 살면서 사춘기를 겪었고 어떤 이유로 할아버지는 장성한 아들을 보고 싶었을 테고 그래서 할아버지는 인편으로 사람을 보내어 그렇게 통보를 했답니다.

"그만큼 컸으면 되았구만, 민석이는 내 아들잉게 인자 집으로 들어와 살도록 해야쓰겄구먼."

아버지는 그 얘기를 듣고 하루 종일 방에 들어가 나오질 않았고 할머니는 부엌에서 해가 다 지도록 흐느껴 울었답니다.

저는 사촌 언니가 들려준 그 얘기를 듣고 아버지의 진정한 고뇌를 이해하게 되었지요. 감수성이 예민하고 여린 마음을 지닌 아버지가 스물 몇 살에 결혼을 하고, 결혼에 실패를 하고 더군다나 그 외로움을 잊기 위해 비둘기를 사들고 온 청년시절의 아버지가 더 안쓰러운 모습으로 다가왔습니다. 비로소 객관화된 아버지의 모습으로 다가 온 것입니다. 젊은 시절 자신의 삶과 인생에 대해 고뇌하며 스무 살의 강을 흰비둘기에게 위로를 받으며 건넜을 한 청년의 모습이 아름답지 않나요? 아버지가 아닌 한 청년의 모습이…….

장마철이 되니 아버지와 함께 타고 떠났던 섬마을 생각이 나서요. 지금도 여전히 장마철인데 눅눅하고 습한 기운은 혹시 천식을 더 심하게 만드는 것은 아닌지, 걱정이 앞서기도 하지만 잘 견뎌내시고 잘 지내시리라 생각합니다.

늙은 아버지와 봉숭아 꽃물

이 염천에 어떻게 계시나 궁금하기만 했는데 그래도 놀이공원을 다녀왔다니 아직 건강 전선에 이상은 없어서 다행입니다. 당신이 진주로 떠나고 구수한 흙냄새가 나는 토박이 말이 그렇게 그리울 수가 없었습니다. 지금도 가끔 업은 애기 삼 년 찾는다든가…… 간다간다 하고 석삼년이라든가 하는 질박하고 정감이 가는 말을 생각해보곤 합니다.

진주 내려가다 대전을 지나면서 그리운 얼굴이 어른거려 참으로 감회가 깊었다고요? 이 년 동안 정 붙이고 살았던 곳이라 아니, 당신이 가장 하고 싶었던 소중한 글쓰기를 함께 했던 곳을 그냥 지나면서 목을 빼고 돌아보았다죠? 아름다운 인연에 감사하면서요.

오늘도 봉숭아는 마당가에 처연하게 피어있고 무화과는 익어가고 한쪽 구석에 네 마리의 개가 늘어지게 자고 있는 풍경이 평화로워 보입니다. 그런 가운데 중국 고전 "홍루몽"을 읽고 있다니 참 재미있군요.

얼마 전에 동생과 아버지가 다녀갔습니다. 아버지는 폐 기흉 수술을 하고 몸과 마음이 많이 약해지셨어요. 몇 년 전에는 아파트 마당 빙판에서 미끄러져 골반 뼈가 부스러져 구급차에 실려가 수술을 받았고 그전에는 허리 디스크 수술을 받고 얼마 전에는 새끼발가락에 생긴 티눈 제거 수술을 하고, 그런 중에도 나이에 비해 순발력과 기계 수리에 능해 웬만한 것은 다 수리해서 쓰는, 수리하면 새것보다 성능이 더 좋아지는 묘한 재주를 가진 아버지가 나이가 들면서 가끔 약한 모습을 보이기 시작하더니 어느 한 순간에 늙기 시작하더군요. 아버지의 그런 모습 뒤로 저는 더 당당한 사회인으로 서게 되고, 그렇게 돌아가는 한 세대 간의 교체를 확인하면서 격세지감을 느낍니다.

몸은 살수록 보수가 필요하다는 아버지의 말을 들으며 이제는 몸마저 다 해져 덜그럭거리는 아버지를 옆에서 느낍니다. 예전에 보았던 아버지의 씩씩하고 당당한 모습을 지금은 찾기 어렵게 되었지요. 아버지는 한결같이 그 자리에서 당당하고 우뚝한 모습으로 서 있을 줄 알았는데 밥은 드시지도 않고 술과 담배로 세월을 보내니 참으로 안타까울 뿐입니다. 자식들은 늘 그런 아버지에게 술 그만 드시라, 담배 그만 끊으시라, 해도 그러든지 말든지 늘 술부터 찾고 담배부터 찾으시네요. 아무런 말없이 슬그머니 현관으로 나가시면 우리 아버지 또 담배 피러 가시네, 우리 끼리 그러고 말아요. 아버지가 주방으로 가시면 에그 우리 아버지 또 술 찾으시네, 하고 몸이 약해 독한 술도 안 받는지 알콜 함량이 낮은 소주 정도나 마시면서요. 자식을 먼저 보낸 아버지의 아픔을 모르는 것은 아니지만 가끔 안타까울 때가 많아요.

그래도 어제는 우리 집에 와서 못질 안? 하는 남편을 대신하여 딸 방에

벽걸이용 선풍기도 달아주고 현관문도 고쳐주고 가셨어요. 제가 하려다 아버지가 하면 틀림없고 튼튼하여 믿음이 가서 아버지 오시기만 손꼽아 기다리고 있었지요. 남편은 아버지를 모시고 아버지가 좋아하는 공구백화점도 구경시켜드리고 구경시켜드리는 값으로 공구 사용법이랄지 새로운 공구 이야기를 덤으로 들려주시기도 했지요. 남편은 물고기 담는 박스를 함부로 다뤄 망가트리는데 선수고 아버지는 그런 것 고치는 데 선수고 그러고 보니 둘이 만난 것은 억겁의 인연인가 봅니다.

그런 아버지가 앙상하게 말라서 연민을 느끼게 하네요. 하긴 인간은 나이가 들면 다 그런 걸, 자연인걸요. 아버지가 돌아가시면 제가 제일 먼저 추억하게 되는 것은 무엇일까 생각해 보았는데 아마도 부서지고 망가지고 낡은 것을 고쳐주고 정리해주는 일들일 거예요.

어릴 때 아버지의 자전거 짐받이에 올라타고서 자전거의 속도감을 익히고 그러다가 홀로 자전거타기를 배우면서 고꾸라지고 넘어지면서 진짜 자전거 타기에 입문을 했는데 그때 아버지의 송판 같은 등을 자그마한 가슴으로 느끼며 큰댁에 제사를 보러 갔던 일도 생각납니다.

이제 단단했던 아버지의 등도 사라지고 앙상한 뼈만 남았습니다. 아버지께 출퇴근용 자전거를 사야겠다고 했더니 갖다 주마고 합니다. 집에 자전거가 세대나 된대요. 집 앞이 공원이라 늘 자전거에 앞뒤로 바구니 하나씩 매달고 고만고만한 손주들을 앞뒤로 태우고 공원 한 바퀴씩 돌거든요. 그런데 요즘은 너무 더워서 그러지도 못하고 좀 견딜만해지면 손자들 태우고 동네 한 바퀴 도시겠지요.

어제는 마침 아파트 화단에 봉숭아꽃이 소담하여 봉숭아 꽃물을 들이겠다고 여동생이랑 봉숭아꽃을 따가지고 오는데 아버지가 현관문을 고쳐놓고는 밖에 나와 화단가에 앉아 담배를 피우고 계시더군요. 그래서 아버지 왜 나와 계세요? 하니까 그냥 나와 있다 그러더라구요. 그런데 가만 보니 표정이 안 좋아요. 그때 아버지가 막 안경을 벗으시면서 소매 끝으로 눈가를 훔쳐요. 그걸 보면서 동생이랑 저는 또 우신다, 우셔, 아버지 왜 그래요? 딸네 집에 놀러왔는데 기분 좋게 놀다 가야지 매번 왜 그래요? 해 놓고는 자리를 피해버렸네요. 아버지에게도 그런 시간은 필요하니까요. 혼자 실컷 우시라고 같이 붙들고 울 수는 없는 노릇이라 아파트 뒤 화단으로 봉숭아를 따러가면서 우리는 아버지 큰일 났다, 아직도 저렇게 우시니 우리가 다정하게 봉숭아 잎을 따들고 오니까, 둘째딸이 생각나셨던 거야. 우리 중에 가장 아버지 마음에 든 딸이 먼저 가긴 했지만 늘 우리가 보는 앞에서 저러시면 남은 자식들은 어떻게 해야 할지 아버지를 이해하지 못하는 것 아니지만, 전 아버지가 그러실 때마다 은근히 서운해요.

그날 밤 우리가 따온 봉숭아꽃으로 손톱에 물을 들이면서 이제는 한 줌 흙이 되어버린 동생을 생각했어요. 지금 살아 있다면 온 가족이 거실에 모여 너나 할 것 없이 손톱에 발톱에 비닐을 씌워 무명실로 서로 묶어 주면서 즐거운 한 때를 보 낼 수도 있는 일인데…….

잠든 아버지의 새끼손톱에 봉숭아물을 들이면서 첫눈이 오기 전에 소망하는 일이 있다면 자그마한 것 하나 이루어지길 기도 했습니다. 아침에 일어나 새끼손톱을 보고 아버지는 뭐라고 하실라나 갑자기 궁금해지기도 하네요.

모처럼 딸네를 찾은 아버지의 잠든 얼굴에서 안경을 벗겨드립니다. 조카들도 동생들도 곤한 잠에 빠져있는 스위치를 내리는, 무덥지만 평화로운 밤입니다. 늘 행복하시고 홍루몽 재미있게 읽으시길 바랍니다.

홍시가 황홀한 시간

요즘 숲 속이 휑하니 비어 보입니다. 마당 감나무에 홍시가 익어가고 그 홍시나무에 까치가 또 남은 홍시를 파먹을 것이고 내 감마저 다 파먹을 것이고 세월은 이렇게 무심히 흘러가고만 말 것인지, 하지만 곧 당신을 만나러 갈 수 있을 것 같습니다. 어떻게 지내시는지요. 홍시 자시러 오라던 그 말 아직 귀에 쟁쟁한데 홍시 계절도 이렇게 먼 날인 듯 지나고 있습니다. 제 홍시마저 까치밥이 되고 있는 것은 아닌지 달디 단 홍시 생각이 절로 납니다.

저는 감이라면 사족을 못 쓸 정도로 좋아합니다. 단감이면 단감 곶감이면 곶감 연시면 연시 홍시면 홍시 우린감이면 우린감, 오죽하면 남편한테 감순이라는 별명을 얻었겠어요. 가을 감이 익을 무렵이 되면 남편은 벌써 내장산 근처며 덕유산 근처 영동 전남 전북 지역의 감 많이 나는 지역을 여행할 때는 꼭 한 상자씩을 사들고 옵니다. 그래놓고 풀어놓으면 며칠 못가 금세 없어져버리죠. 부지런히 제가 씹어 먹기 때문이랍니다. 단감의 파삭

하고 사근사근한 그 맛과 씹을수록 우러나오는 가을과일에서만 나는 단 맛이 제게 중독처럼 퍼지기 시작합니다.

감에 얽힌 우리집안 내력 한 번 들어보실랍니까? 작년 가을 떫은 감을 먹고 아버지는 며칠동안 변을 못 보다가 병원을 찾았는데 병원 의사 하는 말 "아니, 감 먹고 똥구녕 막혀 온 사람은 처음 봅니다."라며 가정의처럼 다니던 병원의사가 장갑 낀 손가락으로 아고 아고 소리를 지르는 아버지의 항문을 후벼 파고 휘젓더니 딱딱하게 굳어버린 똥덩어리?를 내 보이며 "아이고 하마터면 큰일 날 뻔 했습니다. 속에서 똥이 시멘트 콘크리트가 되었습니다."했답니다. 아버지가 다시 풀어 우리에게 들려준 "시멘트 공구리"란 말을 듣고 우리가족은 아버지의 힘들었을 그 시간도 잠시 잊고 얼마나 웃었는지…… 그 말 듣고 있던 막내가 "그러니까 아부지, 우려먹던지 하라니까 왜 그냥 떫은 감을 그대로 먹어요? 시멘트 공구리가 될 지경으로 감을 먹으면 쓰겄어요. 정말 그러다 큰일 나요. 아부지."하는 것이었습니다.

그런가 하면 비슷한 먹성까지도 유전이 되는 것인지 친척언니들도 감을 좋아해 광주 사는 친척 언니는 아파트 화단에 심겨진 감나무를 봄부터 지켜보다가 감아 얼른 익어라 얼른 익어라 하면서 감꽃이 필 무렵부터 감나무 아래서 기도를 하며 지내다가 늦봄 담 아래 떨어진 감꽃을 주워 씻어 그릇에 담아 놓고 달고 떫은 그 맛을 음미하기도 하고요. 태풍이 한두 차례 지나가고 한여름이 되어 더욱 실해진 감을 따다가 소금물에 넣어놓고 우려먹다가 그 맛이 다 잊혀질 무렵 또 가을이 오기를 손꼽아 기다린답니다. 그 동안 온갖 시련 다 겪은 야무진 감만 남은 감나무를 쳐다보면서 입맛을 다신답니다. 감에 눈독을 들이고 눈도장을 찍고 찬 서리 내리기를 손꼽아 기다리면서 언니가 하는 일은 감나무의 감에만 눈도장을 찍는 것이 아니라 105동 경비실 아저씨에게도 눈도장을 부지런히 찍어대기 시작합니다. 그래야 나중에 감나무에서 슬그머니 감을 따도 덜 민망하니까요. 그러다가 찬바람이 불고 찬 서리가 내리는 초겨울 무렵, 드디어 감도 익고 혼자서 눈독들인 감나무에서 본격적인 언니의 서리가 시작됩니다. 아야, 어떠케 이렇게 감이 탐스럽게도 달렸디야? 하면서 슬그머니 감나무에서 딴 감을 아저씨도 한나 잡숴 볼라요? 하면서 내밀기까지 합니다.

언니는 우리 집에 오면 늘 그 애기를 합니다. "올해는 감이 참 잘 되야서 맛나게 먹었는디 그 맛이 꿀맛이라고, 아파트 사람들은 그 감을 한나도 안 묵는다고, 그러니께 자기 몫이 많아서 좋다고 군것질 하는 것 맹키로 먹는다고 겨울내내 까치도 묵고 나도 묵고 야금야금 따 묵는다고……."

작년 가을이 다 갈 무렵 어머니 아버지께서 우리 집에 오셔서 청남대를 구경시켜드린 적이 있었습니다. 엄마, 거기 가면 겨울이라 특별히 볼 것은 없어 봄이나 여름에 가면 나무들이 많아 좋은데 그런데 이 즈음에 볼 것은 감나무에 달린 감일 거예요. 했는데, 갑자기 엄마의 눈이 빛나더니, 그랴? 감나무가 많다고? 감이 종류도 여러 가지고 특이한 감이 많아, 쌍으로 된 감도 있고 콩만한 감, 탁구공만한 감, 동그란 감 길쭉한 감, 쌍동 감까지 가지가지가 있어 그러니 구경 할만 할 것이여. 먼저 가보고 온 자로서 정보를 충분히 전달했어요. 남들은 그런 감 쳐다보지도 않은데 우리식구는 유별나게 감나무를 좋아했어요. 그러면서 덧붙인 내 말 한마디 엄마, 그런데 여기 사람들은 감이 지천이라 그런지 거들떠도 안 봐, 내 애기를 듣고 있던 엄마는 아야, 저기 감 봐라 감, 망태기로 파나보다. 버스를 타기 전 우리는 한 망태기에 오천 원 하는 감을 두 망태기나 사서 버스를 타고 청남대를 가는 내내 씹어 먹었어요. 다른 사람들이 우리가족을 보고 정말 이상하게 생각했을 거예요. 대통령이 별장으로 이용했던 집구경은 온데 간데 없어지고 엄마는 감나무에만 눈길을 주었어요. 엄마 엄마 저기 좀 봐, 저기 저 나무 멋지지 않어? 뿌리가 혹처럼 땅 속에서 솟았어. 그랴, 특이한 나무네. 엄마는 낙우송은 건성으로 바라보고 감나무에만 눈길이 가 있었는데, 엄마는 갑자기 못 참겠는지 내 곁으로 오더니 저 감 따먹으면 누가 뭐라 그런디야? 참말로 마짓게 생겼는디……. 엄마 어떻게 그런 생각을 해, 여기서 감을 따 먹어? 안 돼. 라고 하자, 엄마는 아쉬운 듯 입맛만 다셨습니다.

이것도 집안내력일까요? 어떻게든 올해 홍시를 오늘 또 맛보게 되었습니다.

씨앗 주머니

얼마 전까지 누런 벼가 보기 좋게 익어 가더니 어느 날 아침 한 순간에 논바닥이 텅 비었습니다. 소리 소문도 없이 벼가 베어지고 낱알까지 포장이 되어 바로 트럭에 실려 곡간으로 가거나 잠깐 말려져서 방앗간으로 가나봅니다. 잘 지내시죠? 씨앗들이 시집가는 계절이 되었습니다.

예전, 아들이 여섯 살 때 제게 그러더군요.

"엄마 내게는 아가씨가 있다."

"뭔 아가씨?"

"나한테는 아가씨가 있어 엄마."

"그게 무슨 소리지?"

저는 잠시 어리둥절했어요. 그런데 며칠이 지난 다음날 또 그 말을 꺼냈어요.

"내게는 아가씨가 있다?"

"무슨 아가씨?"

그러면서 아이는 자신의 고추를 붙잡고 있는 것이었어요. 그때서야 아, 아가 씨! 남자 아이라서일까요? 어디서 듣고 온 것인지 아이는 그것을 만지작거리며 서 있었습니다. 그러고 보니 왜 사람의 씨앗이 거기에 덜렁 달려 있는 걸까요? 곡식의 씨앗처럼 씨를 받아서 처마 밑이나 곡간 벽에 걸어두지 않고 어째서 사람의 씨앗은 사람 몸 안에 지니게 되었을까요? 혹시 아주 오랜 옛날에 처마 밑에 걸어둔 사람 씨앗을 누군가에게 도둑맞은 것은 아닐까요? 그래서 그 다음부터 도둑맞지 않으려고 사람의 씨앗은 몸에 다 지니게 된 것은 아닐까 하는 생각이 드네요.

이번에는 내 남동생이, 아니 모든 남자들이 가랑이 사이에 달고 다니는, 씨앗에 대한 이야기를 들려주고 싶군요. 얼마 전에 친정에 가서 집을 수리한다고 내 놓은 남동생의 대학 시절 과제물 속에서 아주 재미있는 몇 줄의 글을 발견했습니다. 읽다가 웃다가 돌아가면서 읽다가 웃었습니다. 남동생의 말투를 빌어 한번 들어보실래요?

가끔 시집간 누나들이 집에 올 때면 저는 '씨앗' '종자' 라는 소리를 귀가 따갑도록 들어야 했습니다. 도대체 그게 어쨌다는 건지, 어쩔 때는 종자 값도 못한다고 늘 핀잔을 듣습니다. 우리 집은 위로 팔뚝이 굵어 기운이 센 누나들이 셋이나 됩니다. 그래서 주루룩 미끄러져 아래로 떨어진 형하고 저는 누나들 등살에 치여 지냅니다. 아마도 누나들은 고추를 달고 나오지 못한 것에 대한 한이 맺혀 그러는지도 모르겠습니다. 가끔 아버지는 "늬이 누나가 고추만 달고 나왔어도……" 하면서 한숨을 쉽니다. 아버지의 살과 피를 이어받은, 아버지의 모든 기억장치를 이어받은, 아버지의 씨앗인 저는 아버지가 지금 왜 그런 얘기를 하시는지 다 압니다.

우리 가족이 무화과나무가 있는 집으로 이사를 간 후에야 그토록 원하던 아들을 얻을 수가 있었습니다. 그것도 내리 둘씩이나…… 오죽하면 셋째 누나의 이름이 '따고'였을까요. 제가 바지가랑이에다 씨앗을 숨길 만하죠? 누가 훔쳐 가면 어떡합니까? 조상 대대로 그렇게 귀하게 얻어낸 씨앗이니까요. 혹여 누가 덥석 훔쳐가기라도 한다면 끔찍하죠? 아버지가 우물 옆 무화과나무가 있는 집으로 이사를 가게 된 것도 그 골목에 살고 있던 친구의 권유 때문이었습니다.

"잠 보드라고이. 이 골무삽은 죄다 아들만 있는 집이랑께. 자 오민이네도 아들만 너이제. 종식이네도 아들만 서이. 기철이네도 가시나가 끼어있긴 하지만 아들이 둘. 그라고 자네가 이사 갈 집 남식이네 말이여. 그 집은 아들이 일곱 아닌가, 아 틀림 없당께. 씨앗보고 잡으면 이사 오랑께."

"참말 그렇긴 하네만……."

듣고 보니 그렇구나 싶었던지 아버지는 무화과나무가 있는 집으로 이사를 갔습니다. 그래서 아들을 둘을 얻었지요. 가끔 누나들은 내 고추를 가지고 그럽니다. "이 짱구들아 아예 고추를 띠부러라 띠부러" 얼마나 고추에 한이 맺혔으면 사소한 일에도 고추를 물고 늘어지는지 정말 모르겠습니다. 그럴만도 한 게 이 고추 때문에 누나들은 하고 싶은 공부도 제대로 하지 못하고 아버지께 좋은 소리도 못 듣고 살았거든요. 그러면 나라도 아버지에게 씨앗노릇을 잘해야 되는데 제가 번듯한 학교를 제대로 가기를 했나 좋은 직장을 얻기를 했나 그저 그렇게 살고 있는 실정이거든요. 누나들이 고추만 달고 나왔어도 아마 저를 제치고 이 나라의 큰 일꾼이 되어 있을 텐데 말입니다. 그놈의 고추 때문에 고추만 달고 나왔어도 고추만 달고 나왔어도…… 저보다는 훨씬 좋은 대학에 좋은 직장을 잡았을 거라는 누나들의 원성은 지금도 귀가 따가울 정도입니다.

어쨌거나 저는 씨앗을 잘 간수해야 할 의무가 있습니다. 그래야 나중에 죽어 저승가면 웃는 얼굴로 할머니와 큰아버지를 만날 수가 있죠. 그리고 이승에 남긴 씨앗들이 이렇게 저렇게 잘 살고 있다고 소상하게 알려드려야지요.

저의 가랑이 사이에 씨앗주머니가 있는 이유는 누나들이 씨앗을 훔쳐가지 못하게 하기 위함입니다. 저는 그 씨앗을 잠 잘 때도 가랑이 사이에 꼭 끼우고 잔답니다. 그리고 눈을 뜨면 얼른 그 씨앗주머니의 유무부터 살피곤 합니다. 그렇게 해서 남들은 다 처마 밑에 달아 놓은 씨앗 주머니를 저는 가랑이 사이에 끼우고 다니게 되었답니다. 언젠가, 먼 미래에 사람 씨앗이 흔해지면 다시 처마 밑이나 곡간 벽에 걸어 둘 날이 올지도 모릅니다.

이렇게 끝이 난 이야기입니다. 아주 재미난 이야기지요? 정말 어떻게 그런 발상을 할 수 있었는지 돌아가면서 그 글을 읽으며 우리는 하루 종일 이 의미심장한 씨앗에 관한 이야기에 배꼽을 잡았답니다. 지금 한 창 들이고 산이고 숲이고 씨앗이 익어가고 있습니다. 새들도 씨앗 따먹느라 난리굿이고요. 좋은 시절이죠? 올해는 모든 곡식들이 다 풍년이라고 합니다. 당신 마음 밭에도 풍년 들어 기쁨 누리시기를 바랍니다.

비목나무와 향기

성탄절 아침이에요. 성탄절과는 무관하게 여러 신을 두루 사랑하시는 당신은 오늘도 조용히 마당을 쓸고 하늘을 한번 쳐다보고 비가 오려나? 하겠지만, 저란 사람 역시 성탄절을 그리 기뻐하지는 않은 사람이 되었어요. 왜냐고요? 글쎄요? 늘 무언가를 바라고 희망하고 오로지 저 자신이 잘되기를 바라는 기복 신앙의 풍토에서 자란 저는, 한 때 하느님을 섬겼지만 지금은 그렇지 않아요. 대부분 하느님은 제 소원을 다 들어 주었는데 한 가지는 들은 체 만 체 본체만체 해서 너무 서운했어요. 그 이후로 저도 하느님을 본체만체 들은 체 만 체 했어요. 왜냐하면 제 작년에 제 동생이 너무 아파 하느님께 울면서 한번만 살려달라고 빌었어요. 그런데 그게 하느님도 해내기 너무 벅찬 일이었나 봐요. 그걸 안 들어주더라구요.

지난 시간에 동생과 함께 숲속산책을 일상처럼 했던 생각이 나네요. 일상다반사가 숲속을 거니는 일이었어요. 치료의 목적으로요. 우리가 비목나무를 만난 것은 가을쯤이었을 거예요.

비목나무는 벌써 꽃눈과 잎눈을 만들어 겨울날 준비를 하고 있었어요. 비목은 꽃눈과 잎눈의 특징이 확연히 드러나는 나무잖아요. 잎눈은 길쭉하고 꽃눈은 동그랗게 겨울을 나는데 잎이나 가지에서는 기분 좋은 향기가 나고요. 일단 비목하면 아무런 연관이 없는데도 초연히 쓸고 간 깊은 계곡으로 시작되는 가곡이 생각나요. 산에 오르다 비목이 보이면 가만 그 가곡을 불러보곤 해요. 물론 그 비목과 이 비목과는 아무런 연관이 없지만 그냥 그 가곡이 떠오르곤해요. 비목나무의 빨갛게 익었다가 까맣게 익어가는 씨앗의 변화를 보는 즐거움은 나무와 친해지지 않으면 알기 쉽지 않은 일이에요. 겨울에는 그들이 어떻게 지낼까? 어느 때부터인가 저는 나무의 안위를 걱정하는 사람이 되어 있었어요. 하느님에게 도와달라고 하는 것보다 나무에게 도와줄래요? 하는 것이 더 위안이 되었어요. 이렇게 인간이 살기에도 혹독한 추위인데 나무는 옷을 안 입고도 어떻게 잘 견디어 낼까, 라는 것에 생각이 미치면 그만 가슴이 먹먹해져요. 말없는 나무가 때로 그렇게 저를 그렇게 가르치고 있어요. 제 입장에서 보면 깨닫는 것인가요? 인간사회에서 살아가는 일의 어려움을 알아서일까요? 인간에게서 얻는 위안보다 나무나 풀 자연 등에서 얻는 위안이 훨씬 크게 다가오는 이유는 뭘까요? 그 비목에 셔터 한 번 눌러보고는, 나는 너를 사랑한다고, 그저 생긴 그대로 너를 사랑한다고, 동그란 꽃눈과 길쭉한 잎눈과 빨간 열매와 까만 열매 그리고 무던하게도 풍겨주는 그 향기를…….

가만 제가 왜 이렇게 비목에 집착하는가를 생각하면 제 깊은 내면에서 흘러나오는 그 사랑은 어쩌면 딴 데 있는 것인지도 모릅니다. 동생을 잃고 그 동생이 아프고 힘들 때 함께 아파해 주지도 못하고 옆에서 안타깝게만 생각될 때 그리고 산을 오를 때, 내가 따 준 비목 잎의 냄새를 맡고는 아~ 향기가 좋다! 라고 쓸쓸하게 말하던 동생이 생각나서일지도 모르겠네요.

성탄절이에요. 당신도 소원이 있으면 하나 빌어보세요. 누구한테요? 당신이 마음에 드는 어떤, 무엇한테요. 저도 소원을 하나 빌어보려구요. 그게 누구든, 어떤 것이든 돌이든, 나무이든 간에 우리 주변 아픈 사람들 행복하지 못한 사람들에게 오늘 하루 두루 행복하시고, 몇 가닥 웃음이거나 미소 한번 지을 수 있는 그런 하루가 되기를…… 추운 겨울 행복하세요.

2

산에 들에

동백꽃 그 여자

오랜만에 아버지를 집에 초청하였습니다. 늘 어딘가로 훌훌 떠나고 싶어 하는 아버지의 마음을 읽은지라 선반을 만들어 달라는 핑계로 불렀습니다. 일 하는 솜씨가 야물어 우리 집 딸들은 집안에 못을 박거나 선반을 얹거나 책꽂이를 만들거나 하는 일은 으레 아버지 몫이거니 하고 남겨 두었습니다. 아버지는 집에 와서 또 하는 얘기가 당신 스스로 어떻게 이 험한 세상을 살아왔는지에 대한 지난한 이야기로 시작해 어느 날 이 지구상에서 사라져버린 아직 잊기에는 너무 아픈 자식의 추억을 더듬는 일로 술잔을 기울입니다.

그런 아버지의 쓸쓸한 모습을 보면서 아주 오랜? 옛날 귀에 연필을 꽂고 먹줄을 튕기던 아버지의 어느 날이 생각납니다. 모란꽃이 예쁘게 장독대를 수놓고 박하향이 흐드러져 동구 밖까지 퍼질 때 내 젊은 아버지는 책꽂이를 만들며 콧노래를 흥얼거렸습니다. 경쾌한 분위기와는 어울리지 않게도 아버지가 흥얼거리던 노래는 어릴 때 익히 들었던 '황성옛터'였던 듯합니다.

이제 불혹의 나이로 귀동냥으로 들었던 황성옛터를 저도 가만 불러봅니다. 황성옛터에 밤이 되니 월색만 고요해…… 참 느리고 쓸쓸한 외로움의 정한이 묻어나는 노래였던 것 같습니다.

그런데 그런 아버지에게 첫사랑이 있었답니다. 아버지의 첫 각시가 초록저고리 다홍치마를 입고 아버지가 없는 빈집을 지키다가 내게는 큰 어머니인 형님의 손에 보퉁이 하나 붙들린 채 서러운 눈물을 뿌리며 하늘 재를 차마 울며 넘어갔다고 합니다. 언젠가 큰 어머니가 들려주는 그 여자 얘기에 나도 그만 마음이 애잔해져서 내가 그 여자의 옆에 있었다면 꼭 한번 안아주고 등 두드려 주었을 것 같은 마음이 들더군요. 세상의 일이란, 더군다나 사랑이란, 당사자 둘만의 일이라 알 수 없지만 무언가 사연이 있었겠지요. 아버지는 이제 와서 그 여자를 두고 첫사랑이라 부르더군요.

어쩌면 아버지는 그때부터 자신도 모르는 삶의 기미가 주변을 감돌았는지 모른 채 콧노래를 흥얼거리고 있었던 것 같아요. 이 우주 만물의 움직임은 신이 하는 일이라……. 내 아버지의 첫사랑은 녹색저고리 다홍치마를 입고 동백꽃 모가지가 툭, 꺾이듯 젊은 날 홑몸이 되어 하늘재를 넘어가다 자꾸만 뒤가 밟혀 걷는 길이 비칠거렸다 합니다.

이제는 혼자 살고 있는 큰어머니의 우물 옆 장독대에 바람만 잠시 머문다 합니다. 그 옆에 동백도 저 혼자 피고지고 피고지고 한 겨울을 버틴다하니, 가끔 큰어머니 뵈러 갈 때 전 그만 그 동백 앞에 가만 서서 하늘 재를 넘으며 자꾸만 뒤를 돌아보았다는 내 아버지의 첫사랑 여자를 생각해 보곤 합니다. 아직 신혼살림을 꾸렸던 그 방도 50년을 그대로 버티고 있는데 방은 텅 비어 거미줄이 자리를 차지하고 있고 마당가에는 동백꽃이 붉게 피었답니다.

동백꽃만 보면 왜 그렇게 모가지를 툭, 꺾으며 떨어지는지, 오래 살지 못하고 먼저 가버린 내 동생 생각도 나고 황성옛터를 흥얼거리던 아버지와 아버지의 첫 여자도 생각나는 겨울입니다.

시 한편 보냅니다. 서정주의 〈신부〉는 오늘따라 그 쓸쓸함을 더해주네요.

> 신부는 초록 저고리 다홍치마로 겨우 귀밑머리만 풀리운 채 신랑하고 첫날밤을 아직 앉아 있었는데 신랑이 그만 오줌이 급해져서 냉큼 일어나 달려가는 바람에 옷자락이 문 돌쩌귀에 걸렸습니다. 그것을 신랑은 생각이 또 급해서 제 신부가 음탕해서 그 새를 못 참아서 뒤에서 잡아다리는 거라고, 그렇게만 알고 뒤도 안 돌아보고 나가버렸습니다. 문 돌쩌귀에 걸린 옷자락이 찢어진 채로 오줌을 누곤 못쓰겠다며 달아나버렸습니다. 그리고나서 40년인가 50년인가 지나간 뒤에 뜻밖에 딴 볼일이 생겨 이 신부네 집 옆을 지나가다가 그래도 잠시 궁금해서 신부 방을 열고 들여다보니 신부는 귀밑머리만 풀린 첫날밤 모양 그대로 초록 저고리 다홍치마로 아직도 고스란히 앉아 있었습니다. 안쓰러운 생각이 들어 그 어깨를 가서 어루만지니 그때서야 매운재가 되어 폭삭 내려앉아 버렸습니다. 초록재와 다홍재로 내려앉아 버렸습니다.

겨울날이라 풀렸다 오그라졌다 하는 날들입니다. 하지만 건강한 모습으로 구들 놓인 방에 앉아 눈 오는 바깥 풍경을 봉창으로 감상해도 좋을 날입니다. 내내 행복했으면 하는 바람으로 가름합니다.

늙은 개와 그 여자

삼년 전 유월인가 동생을 간호하면서 만난 개에 관한 이야기에요. 가끔 눈에 보이는 개였는데 제 눈에 얼른 띈 것은 참 독특하게 생겼기 때문이에요. 어그적 어그적, 아니 되똥되똥? 아침부터 연못 주변을 어슬렁거리며 걷는 개는 걷는 것조차 힘겨워 보였어요. 분명히 다친 것은 아닌데 걸음걸이가 이상했어요. 태생적으로 못생긴 것은 타고 났나 봐요. 얼굴은 잔뜩 화가 난 표정을 하고 게다가 이맛살까지 찌푸리고 눈두덩은 두텁고 귀는 접혀 덮힌 상태고 엉덩이는 큰데 다리는 약간 벌어져 걸을 때마다 어그적거리며 걷고 더군다나 꼬리는 뒤로 말려 올라가 민망하게도 똥구녕?이 다보이고…… 그렇게 못생긴 개는 처음 봤어요. 물론 개 나름대로 품위와 족보를 자랑하는 종류도 있겠지만 제 삶 속의 개는 그저 키워서 먹는 줄로만 알고 살았는데 그렇지가 않더라구요. 이 말을 브리지드 바르도가 들으면 저에게 당장 쫓아올지도 모르지만, 키울 때는 가족이지만 먹을 때는 음식으로 변질?이 되기도 하잖아요. 그런데 그 개의 품종을 물이보니 퍼그랍니다.

푸훗 퍼그?

그런데 그 퍼그 곁에는 걸음이 빠르고 늘 호미나 괭이자루를 들고 다니는 몸빼를 입은 여자가 있었어요. 여자는 췌장암이었답니다. 그 여자는 암 선고를 받고 왜 하필 나에게 이런 일이 일어났을까? 하고는 소나무 숲에 들어가 한없이 울었대요. 그리고 집을 뛰쳐나왔대요. 억울하고 기가 막히고 코가 막혀 삶을 포기할까도 생각했대요. 그러다가 어쩌다가 소문 듣고 흘러들어 온 것이 그 요양원이었답니다.

어느새 그녀의 손엔 개 목줄이 들려 있었고요. 그게 바로 그 여자와 퍼그와의 만남이었던 거죠. 퍼그는 돼지처럼 생겼어요. 인상은 돼지보다 더 고약했습니다. 그래도 여자의 유일한 낙은 그 개와 함께 숲속을 산책하고 슬프고 기쁘고 즐겁고 힘들 때마다 퍼그에게 말을 거는 것이었답니다. 퍼그는 순돌이라는 이름을 갖고 있었는데 여자는 순돌이에게 의지하고 살았어요. 우울해지려고 할 때마다 순돌이와 얘기를 나눴어요. 날마다 산책을 하고 죽을힘을 다해 걷고 또 걷고 순돌이와 얘기를 하곤했답니다. 여자가 너무나 힘이 들어 주저앉으면 순돌이는 옆에서 여자를 기다려 주었답니다. 어서 일어나라고, 빨리 걷자고 그래야 산다고 말하는 것 같았대요. 순돌이는 여자가 일어나기를 기다려 다시 걸었어요. 순돌이는 여자의 삶을 동행하는 동반자가 되었어요.

3년의 세월을 그렇게 지냈대요. 여자는 채식과 식이요법 그리고 안온한 마음을 갖고 암을 이기고자 노력하며 살았답니다. 그러다 보니 암을 이길 수 있었다고 하더군요. 7년이 흐른 지금 여자는 씩씩해졌고 남편과 함께 숲속에서 농사를 지으며 시름없이 산답니다. 물론 순돌이와 함께. 7년의 세월이 흐르는 동안 순돌이는 여자보다 더 빨리 나이가 들어 이제는 늙은 개가 되었어요. 인간에게나 개에게나 세월은 어쩔 수 없는 것이죠? 오늘도 순돌이는 여전히 어기적어기적 걸어다닙니다. 그때나 지금이나 폼은 여전히 엉성하고 볼품이 없어요. 꼬랑지는 어떻게 된 것인지 짧기만 해서 순돌이를 뒤에서라도 볼라치면 보기가 흉하고 인상은 우습기만 하고, 하지만 순돌이 때문에 그 여자는 살았대요. 순돌이가 아니었다면 여자는 이 세상 사람이 아니었을 거라고 하네요. 개는 여자의 은인이 된 셈이죠.

우리는 그 개를 부를 때 "돼지 같은 개"라고 불렀어요. 그런데 그게 나쁜 뜻만은 아니에요. 굽은 소나무가 선산을 지킨다고 했던가요? 그렇게 못생긴 놈이 참 착한 일을 했다는 뜻이에요. 정말 순돌이는 돼지같이 생겼지만 주인을 위해서라면 침을 튀기며 짖어대는 맹렬함을 보입니다. 전 그 곁에 무서워서 가지도 못했지요. 돼지 같은 인상으로 무섭게 짖어대는 순돌이를 볼 때마다 의로운 오수의 개 이야기가 생각납니다. 순돌이는 오늘도 연못 주변을 어그적 어그적 걸어다닙니다. 정말 민망한 꼴로, 하지만 가끔 전 그만도 못하다는 생각을 하곤 합니다. 그러면 개만도 못한 인간이 되는 건가요? 곧 벚꽃이 만발하는 봄날이 오겠지요. 그때 벚꽃 아래서 꽃구경하면서 예쁜 얼굴 한번 봐요.

여러분, 수인선을 아세요

봄바람은 살랑이고 벚꽃은 만발한데 봄이 오는 것인지 뒤로 물러나는 것인지 수상하기만 한 봄날입니다. 춘래 불사춘(春來不似春)이라고 했던가요. 봄은 왔는데 봄답지 않은 날이 계속 되고 있는 이즈음입니다. 아주 오래전 저에게도 인생의 봄날 같은 날이 있지 않았겠습니까? 세상에 태어난 이상 누구한테나 있는 봄날? 물론 그 봄날의 아름다움이야 느끼는 사람 기분에 따라 다르겠지만…….

그런데 요즘 날이 요상하니 그런 생각이 드네요. 봄이었으되 봄날 같지 않았던 시절이 잠깐 내게도 있었다는 것을. 아주 오래 된 이야기인데요. 수인선이 사라지기 전 어쩌면 당신도 한번쯤 타봤을지도 모르는 수인선이라는 낭만 기차라는 것이 있었지요?

아주 오래전 아마도 지금으로부터 15,6년 전 애인도 없이 나이만 들어가는 나른한 이십 대의 말에 우리는 크리스마스가 너무 적막할 것 같아 곧 없어진다는 수인선을 타고 용감무쌍하게 송도로 향했어요. 직장 동료인 여자애 여섯이서 수인선을 탔어요. 요금은 얼마였는지 모르지만 기억나는 것은 기차가 들어오면 깃발 대신 딩거렁 딩거렁 종소리가 울렸다는 것과 우리는 플랫폼에서 낚시 도구도 없이 미끼도 좋지 않은 몸?을 싣고 송도로 갔다는 사실이에요. 멸치 마른 내, 오징어 젓갈 내, 갯내음이 몸에 밴 아낙들이 자신의 몸피 무게보다 실히 넘을 것 같은 게, 소라, 고둥, 생선 함지박을 머리에 이고 아긋똥, 한번의 힘으로 가드다란 두 다리가 고무대야를 들어 올리며 일어서고, 입에 문 똬리 끈 내리기 무섭게 "아이고 처녀 다라이 좀 받어 줘어." 아낙이 내리고 할멈이 내리고 수원으로, 소래로, 인천으로 경기 갯사람들 발이 되어주던 수인선이었지요. 우리는 또 그 갯바람 속에 내 것이 되지 못할 남자들을 저울에 올려놓고 이놈은 실하다. 이놈은 빠진다. 이놈은 그래도 한 말가웃이다. 이리 재고 저리 재고 요리를 했지요. 그날 밤 우리의 입술 끝에서 남자들 귀께나 가려웠을 이야기를 날이 새도록 했답니다. 그때 우리에게는 남자가 주요 관심사였으니까요. 하지만 누구하나 자기 것이 되지 못한 서러운 스물 끝물 나이 그해 마지막 밤 우리는 결심했어요. 내년에는 어떻게든 시집가자, 하고.

그렇게 그해 마지막 날을 송도의 낡은 여관에서 피박에 똥만 싸다 새벽 댓바람만 처절하게 맞고 돌아오고 말았는데 그 중에 한 친구였던 민자 고년, 시침 뚝 떼던 고년, 김 머시기 라고 하는 그 남자한테 그새 꼬리를 쳤는지 수컷 중에 잘난 수컷 하나 물고 시집을 갔어요. 우리는 고년, 피로연에도 안 가고 우울하게 또 수인선을 타고 갯바람을 쐬러 갔어요. 민자 년이 애 낳을 무렵, 우리들 서러운 스무 살을 나르던 수인선은 낡은 추억이 서린 갯내를 풍기며 기억 속의 기차가 되어 있었지요. 그와 동시에 우리들도 하나 둘 시집을 가고 아이를 낳으면서 스무 살의 강을 건너고 있었고요. 지나 놓고 보니 거길 가길 참 잘했다는 생각이 들어요. 제 인생에서 그렇게 낭만적인 날이 있었나 싶을 정도로 그 시절이 그립군요. 그곳을 다녀왔다 얘기하면 벌써 당신은 눈을 감은 채 그곳에 대한 상상력으로 마음이 올올이 풀려나고 있을 거란 생각이 드는군요. 사라져버린 것이어서 더 마음이 아린 추억이 되었어요. 그런 생각이 드네요. 춘래불사춘. 하지만 이렇게 조금 뒤뚱거리다 제자리 잡고 봄은 오고 또 가고 여름이 오고 가고 가을 오고 가고 또 그렇게 변해갈 거예요. 그게 자연이니까요.

* 수인선은 총 길이 52킬로미터 선로너비 0.762미터. 좌석 54석 경기만의 소래 남동(지금의 남동공단)군자 등의 염전지대에서 생산되는 소금을 수송하기 위해 1947년 8월에 개통 되었다. 그러나 1973년 7월14일 인천항만의 확장 건설로 인해 5.1킬로미터가 단축된 수원 송도 간 46.91킬로미터만 운행되다가 경제성이 낮아 1995년 12월31일 철거되어 폐선 되었다.
우리나라는 일제시대에 곡물 공출이나 일본의 물자 수송을 위해 주로 선로가 놓여지게 되었다. 경부선 장항선 등이 주로 육지에서 바다로 이어진 것은 해상 수송을 유용하게 하기 위해 행해진 일이었다.

사진 한 장

얼마 전에 때 지난 탁상용 캘린더를 넘기다가 "6·25후 김 씨 일가"라는 임옥상 화가의 그림을 보게 되었어요. 6·25이후 살아남은 자들 속에 죽은 자들이 그림자로 표현되어 있어 보는 이의 가슴을 뭉클하게 했지요. 그 그림을 보고 있자니 문득, 아주 오래전 어린 날의 사진 한 장이 떠올랐어요.

우리 가족은 부모님을 비롯해 오남매였어요. 그래요 오남매였지요. 낳기는 칠남매를 낳았는데 둘은 어릴 적에 죽었다고 해요. 얼마 전에 먼저 간 동생도 지우고 나면 이제 사남매가 맞네요.

내 기억에는 없지만, 지금까지 살았다면 마흔 중반이 되었을 오빠와 제 아래 여동생 밑으로 제일 예뻤다는? 여자애가 죽었대요. 오빠가 살아 있다면 든든한 장남이 되었을 거고 동생이 살아 있다면 물오른 청춘을 거쳐 결혼을 해서 재미나게 살고 있을 텐데, 동생과의 많은 추억이 없어 안타까운 생각이 들어요. 하지만 죽은 여동생에 대한 마지막 기억만은 또렷해요.

아주 어릴 적 어느 날 밤 잠 자리에 든 저는 엄마의 흐느낌 소리에 잠이 깼습니다. 엄마는 하얀 보자기에 동생을 부둥켜안고 흐느끼고 있었어요.

"엄마 왜 그래. 엄마 왜 그래."

저는 갑자기 엄마의 울음소리를 듣고 따라 울기 시작했어요. 그때 당시 엄마는 제게 가장 큰 산이었고 신적인 존재였는데 그런 엄마가 울고 있으니 산이 무너져 내리는 느낌이었어요. 엄마는 동생을 안고 흐느끼고 저는 엄마의 옷자락을 잡고 영문도 모른 채 엉엉 울었지요.

그런데 칠흑같이 어두운 밖에서 두런거리는 소리가 들렸어요. 문이 열리고 터울이 많이 진 둘째 형부가 지게를 지고 마당에 들어서고 있었어요. 지게 위에는 독이 하나 얹혀 있었고요.

"매형은 따라오지 마씨요. 내가 갔다 올께라우."

마당에서 들려오는 형부의 말소리를 들으며 저는 다시 잠이 들었습니다.

아침에 일어나 보니 늘 곁에 있던 동생이 없었어요.

"엄마 애기 어디 갔어."

"으응……."

엄마는 얼버무리고 말았지만 저는 자꾸만 꼬치꼬치 캐물었어요.

"……동생이 죽었다."

엄마는 그 말을 하면서 크억크억 울었어요.

아마 그때 제 나이 네 다섯 살 쯤 되었을까요.

그리고 얼마간의 시간이 흘러갔어요.

"왜 죽었어?"

"먹을 게 없어서, 젖을 못 먹어서."

"어디에 묻었어?"

"배짜골밭 가는 길…… 애기 독장에."

엄마는 힘들었을 텐데도 담담하게 들려주었어요.

그즈음 엄마는 결핵을 앓고 있었고 바다 건너 병원에 가 있었지요. 동생은 할머니가 암죽을 끓여 먹이며 보살피고 있었고요. 오랫동안 엄마도 없이 떨어져 지내던 저와 동생이 안타까웠던 모양인지 할머니는 동생과 저를 데리고 바다 건너에 있는 엄마가 입원해 있던 병원에 데려다 주었어요.

그런데 어떻게 된 일인지 그때 처음으로 죽은 동생과 엄마와 아버지 아래 동생이 병원 옥상에서 사진을 찍었어요. 그게 죽은 동생과 찍은 유일한 사진이었어요. 동생은 너무 어렸으니까 얼굴도 기억나지 않지만 딱 그 사진 한 장만 남았지요.

조금 더 커서 저는 중학생이 되고 가끔 쉬는 날이면 엄마를 따라 밭에 가곤 했어요. 유채가 한창 피어나는 사월인가 오월인가였는데 수풀에 묻힌 길을 발길로 헤쳐 가며 산길을 걷고 있는데 앞서 가던 엄마의 발걸음이 문득 멈추고 엄마는 아득한 시선으로 골짜기를 바라보고 있었어요. 뒤를 따르던 저도 발걸음을 멈추고 엄마의 시선을 좇았습니다.

"……아이고 우리 애기를 저기다 묻었는디. 어디쯤일고……."

엄마는 목이 메어 말을 다 잇지 못했어요. 엄마는 다시 발걸음을 떼어 걸으며 손등으로 눈물을 훔치는 것을 뒤에서 훔쳐보면서 갑자기 어린 제 눈에도 눈물이 고였지요.

"좋은 옷도 못 입혀 보냈는데 땅 속에서 얼마나 추울꼬."

뒤에 걷던 저는 괜히 눈앞이 어른거려 발걸음이 헛놓였습니다.

사람이 살아가면서 상처 없는 사람이 어디 있겠어요. 살아갈수록 상처들은 더 단단해져 때로는 우리가 살아가는데 그 상처들이 삶의 에너지원이 되기도 하지만 엄마는 그 조그만 살붙이를 가슴에 묻었지요. 동생은 엄마의 가슴 속에서 자라고 있을 거예요. 젖도 많이 먹고 잘 자라서 거기서 사랑도 하고 결혼도 하고 잘 살고 있을 거예요. 부디 잘 먹고 잘 지내기를…… 문득 그 일이 엄마한테는 큰 상처가 되지 않았을까 하는 생각이 들어요. 우리 집에 유일하게 남아 있는 동생의 사진을 오늘도 문득 애틋하게 들여다봅니다. 봄날이 가면 여름날이 오겠지요.

맛난 우물 이야기

제 유년 기억의 뜰에는 잊혀지지 않는 우물이 하나 있어요. 우리 집 뒤안에는 무화과나무 한 그루가 있었고 무화과나무 옆에는 물맛이 그만인 우물이 있었지요. 무화과나무 잎사귀가 우물가에 그늘을 드리우는, 잎사귀 사이사이에서 만들어진 손톱만한 그늘이 유월이면 우물가에 일렁이곤 했어요. 우물 속에는 목화솜덩어리 같은 흰 구름이 떠 있었고 우물을 들여다보면서 물속에 비친 내 모습을 신기한 듯 바라보기도 했고요.

언제였을까요, 동생과 저는 우물 속에 떠 있는 흰 구름을 서로 보겠다고 싸우다 목을 길게 빼 우물 속으로 밀어 넣고 있었어요. 아무래도 키가 작은 동생이 고개를 더 깊게 밀어 넣다가 우물 속으로 그만 쑥 들어가고 말았지요. 너무 놀란 나머지 저는 어떻게 해야 할지를 몰라 발만 동동 구르다 외마디 비명을 지르고 말았어요. 마당에서 연장을 손보시고 계시던 아버지가 득달같이 달려와

"뭔 일이냐, 이 뭔 일이여."

아버지가 물었지만 저는 그 말에 대답할 수가 없었습니다. 굳어버린 제 혀에서는 말이 되어 나오지 못하고 우물 속만 손가락으로 가리켰어요. 아버지는 영문도 모른 채 뭔가 위기 상황인 것만 동물적인 감각으로 느꼈는지 우물 속을 바라보다 황급히 우물 속으로 들어갔습니다. 저는 벌벌 떨면서 몸통이 잘리고 허리가 잘리는 자꾸만 우물 속으로 사라지는 아버지의 모습을 발을 동동 구르며 바라보았지요. 그 큰일을 저질러 놓고 어린 저는 감당을 할 수가 없었어요. 우물 속에서는 뭐라고 소리를 지르는 아버지의 목소리가 들려 왔지만 저는 큰 소리로 울기만 했습니다. 어쩌면 저는 그 울음을 통하여 무서운 공포로부터 벗어나고자 했는지도 모릅니다. 무서움이 다가오면 다가올수록 더 크게 울음을 토해냈어요. 동생이 잘못 되어 죽기라도 한다면…… 더 이상은 생각하기도 싫었습니다.

그런데 아버지는 땀이 범벅이 된 얼굴로 동생을 안고 우물 밖으로 나왔어요. 축 늘어진 동생을 보고 전 또 동네가 떠나가라 울었어요. 다행히 동생은 죽지 않았어요.

그 일이 있고 난 뒤 우물에서 장난 하는 짓은 하지 않았지만 동생이 빠졌던 우물은 여전히 가물어도 마르지 않았고 물맛 또한 좋았어요.

우물가에는 무화과나무 사이로 햇살이 비쳐들어 그늘을 만들어 내고 있었고 그 그늘은 우물가에서 일렁이고 있었지요. 우물 옆에는 장독대가 뚜껑을 열고 여름 햇살을 받아내고 화사한 접시꽃이 담쟁이덩굴과 어울려 피었어요. 여름이 되면서 우물물은 깊어졌고 땀을 뻘뻘 흘리며 고갯마루를 넘어 온 동생들이 서툰 두레박질을 하여 물을 퍼 마셨어요. 그때마다 동생은

"아따 맛나다"

어머니가 물을 마시며 하던 말을 흉내내곤 하였지요. 무더워진 여름날 한 밤중에도 잠 못 이루는 날이 계속 되면 물이끼는 더욱 풀빛을 띠어가며 물을 머금고 있었고 집안 식구들 몰래 기어 나온 살찐 민달팽이가 달빛을 등에 지고 구물렁거리며 기어 나왔어요. 창호지 문틈으로 달빛이 스며들어 방안에 무화과나무 잎사귀 그늘이 일렁일 때면 저는 슬며시 자리에서 일어나 우물가로 다가갔어요. 더듬이를 길게 뽑아 올린 달팽이가 더듬더듬 움직이며 우물가를 헤집고 다닌 것을 한참이나 서서 구경하였지요. 한두 마리도 아닌, 셀 수 없을 정도로 많은 달팽이가 우물가에 나와 마치 달빛 소나타에 맞춰 춤이라도 추듯 그 살찐 몸통과 더듬이를 실룩이면서 기어 다니는 모습은 신기하기까지 했습니다.

저는 세수 대야에 소금 한 움큼을 집어넣었어요. 그때마다 달팽이는 "아이고 나 죽겄네."하면서 몸부림을 치곤했지요. 잡아도 잡아도 다음 날 밤이면 또 우물가에 나와 춤을 추던 민달팽이, 달팽이를 잡는 일은 재미있었어요. 달팽이를 한 무더기 잡아내던 다음날 아침 영락없이 험하게 자고 일어나 입가에 말라붙은 침 자국을 보는 것처럼 우물가에는 밤새 여기저기 달팽이가 기어 다녔던 흔적이 고스란히 남아 있곤 했지요. 그런가 하면 그 우물 속에는 여름마다 참외가 담기고 채마밭에서 갓 따 낸 물외가 담기고 수박이 담기고 그리고 플라스틱 통에 담은 김치가 넣어지곤 했어요. 아버지가 발을 짜다 목이 마르면 뒤란에 와서 한 두레박 두 두레박 벌컥벌컥 퍼마시고 어 시원타, 하고 지나가고 밭에 나갔다 돌아 온 어머니도 한 두레박 퍼마시고 하이고 맛나다, 하고 지나가던 동네 사람들도 어이 물 한 바가지 마시세, 하면서 우물가로 왔어요.

그런가 하면 사춘기가 시작 될 무렵 여름 내내 더운 기운을 이기지 못해 싸돌아다니던 저는 친구들과 뒤안으로 숨어들어 누가 볼세라 우물물을 퍼 뜨거운 피를 식히곤 하였지요.

그렇게 유년의 추억이 있는 우물 깊은 집에서 근 이십여 년을 살다가 도시로 나왔어요. 도시로 나와 살면서 도시의 수돗물에 길들여져 가고 있을 무렵 큰 아버지의 부고를 전해 듣고 잊고 지냈던 고향을 십여 년 만에 찾게 되었지요. 도시에 나와 살고 있는 동안 아버지도 동생들도 다 자라 타지 생활을 하게 되자 우물이 있는 집을 팔고 나와 살게 되었어요. 저는 무엇보다도 옛집 뒤안에 있던 우물의 안부가 궁금했어요. 제가 큰집 식구들과 인사를 마친 후 찾은 곳은 제 유년의 기억 속에 있는 우물이 있는 집이었어요. 그 우물물을 한 번만이라도 맛보고 싶었습니다.

점심을 먹고 찾은 옛집은 쓸쓸해 보였고 장독대 뚜껑은 덮여 있고 무화과나무는 어디 갔는지 보이지 않았어요. 너무 늙어 베어버린 걸까. 손톱만한 그늘을 만들며 너울대던 무화과나무 그늘도 없고 달팽이가 지나갔던 흔적도 없고 우물 입구는 뚜껑으로 덮여 옆에는 수도꼭지가 심겨져 있었어요. 수도꼭지를 틀어 물을 마셔 보았지만 밍밍한 녹내만 났어요. 그 아름답던 우물은 어디로 간 걸까. 어느 새 농촌도 도시의 문명을 받아 그저 좇아가기에만 바쁜 사람들, 두레박질을 하던 우물에 펌프가 심겨지고 수도꼭지가 심겨지고 그렇게 발전을 해가는 것이 좋은 건지 나쁜 건지 잘 모르겠어요.

제 유년의 맛나던, 아름답던 그 우물은 이제 제 기억 속에서나마 퍼 올려지고 있습니다.

송편에 관한 그 집안 내력

제가 그 집으로 시집을 갔을 때 편찮은 시아버지와 아주 작고 아담한, 한 줌이나 될까 말까 한 할머니가 계셨는데 그분이 고모할머니였어요. 추석이 되면 그 집에서 송편을 빚곤 했는데 고모할머니는 그때 90이 넘었는데도 송편을 잘 빚으셨어요. 눈도 어둡고 귀도 어두웠지만 할머니는 동그랗게 오그라져 고물 그릇 앞에서 송편을 빚곤 했는데 작은 손을 더듬거려 쌀가루 반죽을 한 움큼씩 떼어내어 조물거렸어요. 몇 번인가 조물락거리면 당신 손만큼 작은, 아주 앙증맞은 송편이 하나씩 만들어지곤 했는데 전 그게 참 신기했어요. 그 집안에서는 송편 속으로 콩이나 깨 등을 넣었어요. 젊은 사람들은 깨 넣은 송편을 좋아하고 나이든 사람들은 콩 넣은 송편을 좋아했어요.

그런데 할머니는 눈이 어두워 깨 양을 가늠할 수 없어서 손으로 집어 개량이 가능한 콩으로만 속을 넣었는데 늘 콩을 7~8알씩 정확하게 집어 송편 속에 넣고는 조물락거렸어요. 그때마다 할머니의 손에서는 마술 하듯 송편이 하나씩 만들어져 닭이 알을 까듯 손안에서 톡톡 떨어지곤 했지요.

제가 태어난 남도 지방의 송편 만드는 기술?과는 사뭇 다른 풍경이었지요. 우리 친정집은 집안의 일손을 거두어 줄 할머니가 계신 것도 아니어서 여유 부리며 추석을 쇨 형편도 못 되었지요. 더군다나 우리 집은 떡 방앗간을 해서 추석 대목을 봐야했기 때문에 아주 바빴어요. 그랬기 때문에 음식문화가 다른 시댁과는 달리 떡 만드는 문화도 달랐지요.

친정에서 흔히 송편이라고 부르는 떡은 실은 다른 지방에서 부르는 송편과는 다르다는 것을 뒤늦게 알게 되었어요. 쌀가루로 만들긴 하지만 가루 반죽을 하는 것이 아니라 쌀가루를 쪄낸 흰 떡을 치대어 반죽을 만들었어요. 남들이 흔히 부르는 송편 대신 우리는 〈복개떡〉이라는 이름으로 불렀는데 〈복개〉라는 것은 밥그릇을 덮는 뚜껑인데 밥그릇 뚜껑을 가지고 가루를 쪄 치댄 흰떡을 밀대로 밀어 고물(속)을 넣고 고물 넣은 양을 생각해서 적당한 크기만큼 밥그릇 뚜껑을 반 정도만 꽉 눌러 모양을 내면 되는 떡이었어요. 그러면 반달 모양의 떡이 만들어졌는데 표면은 반들거리고 가장자리는 둥글게 잘려진 모양이었지요. 복개, 그러니까 뚜껑 크기에 따라 떡 크기가 달라졌어요. 술잔만큼 작은 스테인리스 종지 뚜껑으로 하면 지름 4~5센티미터만큼 되는 떡이 만들어져 중간크기의 스테인리스 밥그릇으로 찍으면 지름 7~8센티미터 모시떡 만큼의 크기가 되었지요. 그렇게 만들어진 반달 모양의 떡에 참기름을 발라놓으면 아무나 갖다 먹곤 했는데 모양이 깔끔하고 보기 좋았어요. 송편은 만드는 사람의 솜씨를 엿볼 수 있는데 복개 떡은 그냥 만드는 사람 솜씨는 별로 드러나지 않고 그다지 솜씨 없는 사람이라도 누구나 보기 좋게 만들 수 있었어요. 떡 모양이나 뭐 맛은 속에 들어가는 재료에 따라, 소금의 양에 따라 맛이 다르고 모양은 복개의 크기에 따라 달라졌어요.

아마도 한 번도 못 들어 봤을 걸요? 복개 떡이라고, 말 그대로 밥그릇 뚜껑을 덮어서 찍어내는 다량생산기술? 방식으로 만들어지는 떡인데 일손이 달려 바쁘게 생활하는 고장에서는 떡 만드는 방식도 달랐으니 편리하고 지혜롭게 사는 방법의 하나였던 것 같아요.

추석에는 아버님과 고모할머니의 산소를 들러 그분들의 살아생전을 한 번 쯤 떠올려보고 오는 길에 아쉽게도 고모할머니의 송편 빚는 솜씨를 볼 수 없어서 안타까웠어요. 그 송편 빚는 솜씨를 전수 받은 어머니마저 저렇게 되시고… 가만 생각해보면 그렇게 자신이 가지고 나온 재주들을 죽을 때 마저 다 가지고 가버리니 정말 아쉬워요. 그렇죠? 그런 것들이 후세까지 남아 있다면 더할나위없이 좋겠지만, 사람과 함께 사라져버리니 원.

눈을 감고도 다만 감각으로 떡을 빚으시는 고모할머니의 장인다운 면모에 반했던 그때의 일이 생각나네요. 고모할머니 산소에 들를 때마다 그분의 떡 빚는 솜씨가 생각나요. 아담하게 쌀가루 반죽 통 옆에 앉아서 작은 손을 조물락거려 닭이 알을 낳듯 한 알 한 알 떨어뜨려 놓던 고모할머니가 오늘따라 유난히 보고싶네요.

다자이 오사무의 추억을 읽고

이번에는 다자이 오사무의 「추억」으로 편지를 대신합니다. 좋은 소설을 쓰기 위해서는 먼저 마음속에 다양하면서도 잘 정리된 전범이 있어야 한다는 말을 다시 한번 새기며 다자이 오사무의 '추억'을 읽었습니다. 몸의 선이 전체적으로 가녀리고 단정한 한 청년의 얼굴이 떠올려지는, 석양을 바라보고 창가에 서 있는 쓸쓸한 표정의 한 남자. 삶의 염세를 그의 얼굴에서 읽었다면 제가 잘 못 본 걸까요? 제 영혼이 폐허가 되어 있을 때 전 치료의 방법으로 여행을 떠납니다. 여행도 여의치 않을 때 그 한 수단으로 저는 다자이 오사무의 「추억」을 한 번 더 읽습니다. 다자이 오사무의 작품을 대할 때마다 저는 제 유년의 무화과나무와 무화과나무 아래 있던 우물과, 그 우물 이끼 틈을 기어다니던 민달팽이와 그리고 무화과나무 잎사귀가 땅바닥에 만들어 내던 손톱만한 그늘 방울들을 생각하곤 합니다.

황혼 무렵 고모와 나는 나란히 문간방에 서있다.

소설의 첫머리는 이렇게 시작하고 있습니다. 왠지 묘한 느낌으로 다가오는 첫 문장을 읽어 내려갔습니다. 그의 또 다른 작품 「사양」을 생각하면서. 그는 황혼이나 석양 무렵을 꽤 좋아했던 것 같습니다. 작품 속에서 그는 저녁노을을 아름답게 묘사하고 있지요. 작품 전체에 흐르는 작가의 감수성과 필름이 끊어질 듯 이어지고 끊어질 듯 이어지는 생각의 모티프들을 연대기 순으로 나열해 놓은 작품인데요, 습작기 때의 작품이 아닌가 하는 인상을 주지만 이상하게도 그러한 방식으로 써 내려간 것이기에 꾸밈없어 솔직한 표현이 더 가슴에 와 닿는 것인지도 모릅니다.

어느 잔뜩 찌푸린 날 그 나무에 여자아이들 여럿이 기어 올라가고 있던 모습이 떠오른다. 그리고 같은 정원 한편에는 국화 밭도 있었다. 나는 대충 이런 어릴 때의 내 모습을 어렴풋이나마 기억하고 있다. 타케는 언제부터였는지 보이지 않게 되었다. 어느 어촌으로 시집을 간 것이었지만 내가 자기를 쫓아올지도 모를까봐 나에게는 한마디 말도 없이 돌연 사라져 버린 것이었다. 그 다음 해였던가, 언제였던가. 타케와 추석을 맞아 우리 집에 놀러 온 적이 있었는데…….

추억을 읽으면서 이 작품이 사양과 무관하지 않음을 느낄 수 있었습니다. 서른아홉의 나이로 물에 빠져 죽기 전에 발표된 이 작품을 늘 그가 생활 속에서 인식해 오던 생에 대한 회의나 환멸, 한 가지 일에 몰입하는 기질을 통해서 볼 때 염세적인 흐름이 느껴지는 그의 작품들 속에서 그래도 추억이라는 이 작품은 작가 가슴속에 화석처럼 새겨진 유년의 기억을 핀셋으로 조심스럽게 집어내듯 기억해내 조망하고 있습니다. 그의 섬약한 영혼과 어우러져 한편의 담채화를 보는 듯 맑고, 조각조각 나눠진 모티프들을 성장과정에 따라 펼쳐놓은 것에 불과하지만 작품 속에서는 그의 여린 심성과 작은 일에 고뇌하는 젊은 예술가의 영혼을 만날 수 있습니다.

이 소설에서는 직접 다자이 오사무라는 실명을 쓰고 있습니다. 뿐만 아니라 실제에 있어서도 많은 부분이 그의 생애와 일치하고 있는 자전적 소설이고요. 누구에게든 몽롱하기 마련인 유년의 기억을 되짚어보게 하고 실없는 가슴앓이로 들떠 보냈던 소년시절을 떠올리게 합니다. 그리고 의미를 단정 짓지 않고 그저 흐르는 시간에 따라 툭툭 던져 둔 사건들은 독특한 느낌으로 다가옵니다.

다자이 오사무는 화려함과 방탕한 생활 속에서 짧고도 이색적인 삶을 살다간 소설가죠. 한때는 좌익문학 활동을 하기도 했으나 자살방조죄로 기소유예를 선고받았을 정도로 여러 차례에 걸친 자살시도와 여자와 동반자살을 기도하기도 합니다.

저는 다자이 오사무와 그의 생을 생각하다 보면 전혜린이 떠오르곤 합니다. 그것은 두 사람 모두 섬세한 감성의 소유자이고 어떤 일에 대한 몰입과 가슴속에서 들끓고 있는 그들의 열정과 열망이 느껴지기 때문입니다. 한창 일 해야 하는 인생의 전성기인 30대에 더 이상 작품을 만들지 못하고 결국 생을 자살로 마감했다는 것이 읽는 이의 마음을 안타깝게 합니다.

문득 가로수 길을 걷다가 단풍나무아래 벤치에 앉아 떨어지는 잎을 바라보면서 그런 생각을 합니다. 벚나무 잎이 생을 마감할 때는 알록달록 예쁜 색동옷을 입고 떨어져 보는 이의 마음을 서늘하게 하고 계수나무는 온몸을 쥐어짜 맛난? 향기를 주변에 내뿜으며 가는데 나는 어떤 모양으로 가야하나 그런 생각을 해 봅니다. 누구의 생이든 아름답게 마무리를 해야되겠지만 그렇지 못한 경우도 종종 있는 법이니까요.

끝으로 다자이 오사무의 짧은 생애와 아름다운 작품을 기억하면서 다자이 오사무의 「추억」을 되새김질 해 봅니다.

겨울나무 청대 같은 목숨

지금 제 눈앞에는 정면에 까치가 깃드는 소나무가 오른쪽으로는 가지끝을 부비며 자라는 대나무가 있습니다. 겨울에도 푸른빛을 띠고 있는 나무는 역시 소나무와 대나무일 것입니다. 저는 지금 하루 종일 같은 장소에서 소나무와 대나무를 관찰하고 있습니다. 아침부터 지금 하오 네 시까지 소나무와 대나무 사이에 들어앉아 있는 듯합니다.

생각해보면 근래 들어 저는 늘 삶과 죽음에 관한 생각에 골몰해 있었던 것 같습니다. 겨울 풍경이라고는 넓은 잎들이 지고 나면 헐벗고 털 빠진 동물들마냥 추레해지기 마련이고 그것을 보고 있노라면 마음마저 스산스런 기분이 들기 마련인데 그래도 이 겨울의 을씨년스러운 기분을 가시게 해주는 것이 눈앞에 보이는 정원의 소나무 몇 그루와 대나무가 아닌가 합니다. 겨울이라면 늘 식물은 잠자는 시기, 부동의 겨울을 생각하게 하는데 그래도 이따금씩 소나무에 까치가 날아들어 깍깍대고 대나무는 나름대로 휘늘어진 잎사귀를 흔들리며 생동하고 있습니다. 저는 바람이 많이 부는 바닷가에서 자란 탓으로 살아 있음을 느낄 때는 역시 나뭇가지들이 흔들리는 모습이거나 소나무 사이를 훑고 지나가는 국수바람으로 생동감을 감지합니다. 봄이면 우물가 세숫대야가 봄바람에 저 혼자 나뒹굴며 데굴데굴 굴러가거나 변소간 옆 가지 끝에 난 대나무들이 서로 머리채를 휘어잡고 싸우듯 온몸을 흔들어 댈 때도 살아있음을 느낍니다. 살아 있다는 것은 그렇듯 생동하는 것인데, 나이가 들어 내륙?으로 출가를 한 저는 내륙의 고요함에 한때 감명받았던 적도 있었지만 지금은 나이가 들었는지 생생하게 부는 바람이 좋고 그리고 그 바람이 골목의 먼지까지 다 비질을 하고 지나가서 늘 깨끗했던 시골마을을 생각하면 도시의 상가나 아파트 지역은 늘 늙은 고양이와 더럽게 펼쳐진 오물 가득한 쓰레기봉지를 물어뜯어 놓는 비둘기나 까치의 몹쓸 짓에 치를 떨곤 합니다. 이 생동하는 겨울의 풍경에 잠시 숙연해지는 마음입니다. 우리가 언제 이런 풍경을 한번이라도 눈여겨 관찰하며 살았던가 그런 여유도 없이 바쁘게 살아가는 현대인들이 아닌가 생각합니다.

늘 저 청대를 보면 아주 오랜 옛날 고향집 변소간 옆에 잘 자라던 바람에 늘 흔들리며 자라던 푸른 대나무가 생각납니다. 아버지는 심심하면 그 청대를 잘라서 낚싯대를 만들거나 대나무를 얇게 갈라 바구니를 만들곤 했습니다. 아버지의 그런 솜씨를 바라보며 내 스스로도 나무를 다루는 기술을 익혔던 것 같고 삼나무로 배를 짓던 그때는 아버지가 잘라놓거나 대패질을 하거나 손도끼로 부셔놓은 삼나무 향기를 킁킁거리며 맡았던 기억이나 도르르 말린 대패밥을 갖고 놀았던 기억이 납니다.

그렇게 나무와 자연과 함께 지냈던 시간들이 있었는데 그 시간들을 거슬러 보면 그렇게 아득한 꿈처럼 느껴지는 변소간 옆 대나무에 관한 추억도 있고요. 화려하게 봄 여름 가을을 수놓던 넓은잎 나무들이 잎을 떨구고 그래도 그 기상 그대로 굳은 선비의 지조마냥 또는 강직한 성격 그대로 묵묵히 겨울을 나고 있는 대나무가 오늘 같은 날 특히 눈이 오는 날은 흰색과 대비되는 색깔로 더욱 싱싱하게 빛을 발하는 나무는 역시 대나무인 듯합니다. 한결 같은 푸르름을 자랑하며 늘 거기에 서 있습니다. 마치 당신이 그랬던 것처럼. 마음 흔들리지 않고 늘 지조를 가지고 자기 안에 고요히 서 있던 당신처럼 그저 소나무나 대나무처럼 의연하라 말하고 싶습니다. 대나무의 푸른 기상을 보고 있으면 정말 왜 '청대 같은 목숨'이라고 했는지 알 것 같습니다. 빈들에 저리도 푸르게 젊고 싱싱하게 서 있는 때문이 아닌가 합니다. 젊은 나이에 가버린 사람들을 두고 청대 같은 목숨이라고들 하지요. 가장 적절하게 잘 만들어진 관용어인 듯합니다. 청대 같은 목숨을 사랑하며 그래도 남은 생을 긍정하며 살아보는 것은 어떨까요? 요즘 밤마다 잠이 잘 오지를 않아 깨어 있는 시간이면 법정의 '새들이 떠나간 숲은 적막하다'를 읽고 있습니다. 명상하기 좋고 마음 다스리기 좋은 글입니다. 그러고 보니 그분도 갔군요. 좋은 사람들은 죄다 가는 것 같습니다. 그게 자연이니까요?

그래도 겨울나무는 역시 대나무이고 청대 같은 목숨을 살아야겠습니다.

낙엽은 지는데

얼마전에 일도 쉬어 일상에 적응도 안 되고 갑자기 찾아온 휴가 같은 날이 무료하게 느껴질 무렵이었어요. 소위말하는 폼을 잡으러 분위기 있는 곳에서 점심이나 먹자고 옆에 사는 지인을 불러냈어요. 대청호 근처 식당에서 이런저런 얘기를 나누며 즐거운 시간을 보냈지요. 경제적 상황을 고려할 때 제 주제에는 과한 점심을 맛나게 먹고 보조댐가 데크를 따라 걷는데 버드나무는 물속에 푹 잠겨 하늘거리고 날은 맑고 하늘은 높고 들판에는 가을걷이를 하느라 깻대며 콩대가 뉘어져 있고 김장을 하려는지 띄엄띄엄 보이는 집 마당에는 배추가 큰 고무 통에 담겨 있는 풍경을 구경하며 걸었어요. 은행잎은 떨어지고 빨갛게 물든 단풍잎, 아직 푸른빛이 도는 뽕나무 잎이 떨어지는데 마음마저 스산한 가을이 되고 있었지요. 한창 걷고 있는데 멀리서 노랫소리가 들렸어요. 가다가 앉아 쉬면서 풍경을 즐길 수 있는 곳에서 가죽재킷을 입은 남자가 노래를 하고 있었어요. 남자의 뒤로는 냇물이 유유히 흐르고 벤치에 아줌마 몇이 둘러앉아 가죽재킷 남자가 부른

노랫소리에 장단을 맞추고 있었지요. 아는 노래가 나오면 따라 부르기도 하면서 이런 저런 얘기를 하면서 한창 걷다가 다시 되돌아오는데, 아까 그 가죽재킷의 남자가 〈가을을 남기고 떠난 사람〉을 멋드러지게 부르고 있었어요. 우리는 하던 얘기도 멈추고 잠깐, 귀를 쫑긋 세우고 그 노래를 따라 하면서 노래 소리가 나는 곳을 향하여 걸어갔어요.

우리는 누가 먼저랄 것도 없이 노래하는 벤치에 앉았어요. 앞에서 노래를 부르던 가죽재킷의 남자가 막 다른 사람한테 마이크를 넘기고 있는 중이었는데 마이크를 잡고 있는 가수?의 차림새가 평범하지 않은 거예요. 이 아저씨 배가 푹 꺼지도록 말라서 뱃골에서 소리라도 나올까 싶은데 눈이 보이지도 않은 검은 선글라스를 끼고 팔자로 기른 콧수염에 백수로 놀고 있는 시골총각이나 입을 법한 검정 줄무늬 츄리닝(트레이닝복)을 입고 게다가 무릎까지 오는 장화를 신었는데 마이크를 든 모습은 너무나 진지했어요. 우리는 그 모습에 우우우 소리를 내며 박수를 쳤어요.

잠시 전주가 나오고 우리는 분위기에 취해 가을에 취해 낙엽에 취해 흐물흐물 허물어져 가고 있었는데 배철수 닮은 그 가수 왈, 실은 제가 저 앞 밭에서 농사를 짓고 있어요. 저기 보이시죠? 복숭아밭 근처요. 배추도 심고 무도 심고 콩도 심고 깨도 심어 기르고 있어요. 자신이 아무래도 이 가수답지 못한? 차림에 대한 해명이라도 해야 되겠다고 생각했는지, 실은 제가 조금 전에 우리 동생(가죽재킷의 남자)이 커피 좀 타오라고 해서 심부름 왔는데 발목이 잡혔네요. 조금 전까지 저는 밭에서 깨 털다 말고 커피심부름 와서 그만…… 그러면서 그 남자 헛김 빠진 모습으로 허허거리며 웃는 거예요. 우리는 그 얘기를 듣고 빨리 노래하라는 듯 또 우우우하면서 박수를 쳤지요.

그러면서 그 남자 노래를 하대요.

> 마른잎 굴러 바람에 흩날릴때/생각나는 그 사람 오늘도 기다리네.
> 왜 이다지 그리워하면서/왜 이렇게 잊어야 하는가.
> 낙엽이지면 다시 온다던 당신/어이해서 못 오나 낙엽은 지는데~

남자는 한창 노래를 하다가 맞은편 농장 쪽을 향해 손을 흔들었어요. 자연스레 우리의 눈과 목이 뒤를 향해 돌아가고 저 멀리 200미터 전방에 60도 넘었을 것 같은 아저씨가 한손에는 삽자루를 들고 한 손을 허공에 대고 흔들고 있었어요. 서로 알고 지내는 동네 아저씨였던 거죠. 우리도 동네 아저씨를 향해 손을 흔들면 동네아저씨는 그 답례로 삽자루와 손을 동시에 흔들고…….

이 가수가 예전에는 서울에서 잘나가는 보컬 그룹 기타반주를 했다네요. 이젠 나이가 들어 노래만 해서는 먹고 살 수가 없어서 여기 내려와서 농사짓고 있다는데, 겉보기에는 행복해 보였어요. 그들을 보면서 그래 인생은 저렇게 시름없이 살아야 되는 것인데…… 시름없이 저렇게…… 물론 그분들에게도 일상의 고민이야 아주 없진 않겠지만 하고 싶은 일 하고 사니까 그래도 행복한 것 아닌가 하는 생각이 들었어요.

아름다운 풍경을 보면서 우리가 아웅다웅 돈을 벌고 실오라기 같은 먼지가 고인 아파트에서 살 필요가 있을까 하는 생각도 들고 나도 저런 곳에서 돈이 많지 않아도 살아지겠다 싶은 게 행복할 것 같더라구요. 먹을 것 길러 먹고 맑은 공기 마시고 가끔 쉬고 싶을 때 쉬면서 책도 읽고 산책도 하고 글도 쓰고 낮잠도 자고 욕심만 한 가닥만 내려놓으면 마음 편하게 지내도 좋을 것 같다는 생각이 새삼스럽게 들더군요. 누구나 그런 생활을 꿈꾸지만 또한 쉽게 행동으로 옮기지 못하는 것이 복잡한 현대인의 삶이긴 하지요. 그게 문제겠지요? 다른 것이 문제가 아니고. 암튼 오늘은 고향냄새 물씬 풍기는 허름하고? 아름다운 하루였어요. 마치 꿈결 같은, 그래서 참 좋았어요. 그게 꿈결 같아서. 낙엽은 이렇게 지는데…….

내리는 눈을 바라보며

다탁에 앉아 하늘하늘 흩날리는 창밖의 눈발을 바라보며 언니와 저는 녹차를 홀짝거리고 있었어요. 언니의 이야기는 계속 되었지요. 뭐 별 얘기는 아니에요. 그냥 사람 사는 얘기?라고나 할까? 하지만 들어 보세요. 누구나 가슴에 그런 마음 한 조각 갖고 살 거예요.

우리 동네 저 아래 철길 옆에 말이야. 거기 허름한 연립주택 있잖아. 애 셋을 데리고 사는 마린이네가 있거든. 아린이가 다섯 살, 소린이가 일곱 살, 마린이가 아홉 살 때 말이야. 그러니까 97년 그때 말이야. IMF가 터졌잖아. 그 때 마린이 아빠가 실직을 하지 않았겠니?

"후르륵! 아 목이 마르네."

언니는 자글자글 윤나는 이마를 훔치며 녹차를 소리 나게 마셨어요. 그렇지 않아도 바깥 날씨가 흐려 어두운데 조도가 낮은 형광등과 해질 무렵 거실은 어둑신했지만 오히려 낮은 조명 아래서 듣는 언니의 경쾌한 목소리가 듣기 좋았지요.

"그래서 어떻게 되었는데?"

언니는 얼굴에 다시 생기를 찾으며 다시 얘기를 계속 했어요.

마린이 아빠는 재취업도 못하고 계속 실업 상태였어. 그러니 마린이 엄마가 얼마나 속이 탔겠니? 말은 안 해도 물론 마린이 엄마 속이 탔다면 마린이 아빠 속이야 벌써 숯검정이 되었겠지. 그렇게 넉 달이 지난 거야. 있는 돈도 다 떨어지고 마린이 엄마는 아이 셋을 키우면서 마음을 졸이고 있었지. 어른이야 굶는다치지만 아이 셋은 무슨 죄니? 아직 철이 없어서 아무 것도 모르고 엄마 치맛자락만 붙들고 엄마더러 피자를 내놓으라니 마린이 엄마마음이 오죽 했겠니? 참다 참다 마린이 엄마가 마린이 아빠한테 한마디 던졌대. 어디 가서 일자리 좀 알아보라고 말이야. 하지만 마린이 아빠가 그걸 몰라서 집에 있었던 건 아니야. 마린이 아버지도 하느라고 하는데 그게 잘 안 됐던 거지. 중소기업이 팍팍 쓰러지는 이 마당에 일자리를 어디 가서 구하니?

"아이 목말라. 왜 이렇게 목이 마르지?"

"언니 천천히 얘기해요. 천천히…"

기하학 무늬로 짜여진 인조 카펫 위 다탁에는 반쯤 남아 있는 녹차가 식고 있었지요. 언니는 열심히 이야기를 하고 저는 찬찬히 듣고 있었어요. 그때까지도 베란다 창문 밖으로 눈발이 하나 둘 흩날리고 있었고요.

마린이 엄마는 애들을 데리고 누구네 집에도 갈 수가 없었대. 왜냐고? 아 그 철부지 세 아이가 늘 졸라댔거든. 엄마 민이네는 오늘 피자 먹었대. 우리도 피자 한판만 사줘. 그 말 듣기 싫어서 밖에 안 나갔대. 그리고 다른 집엘 가면 늘 얻어먹기만 해서 미안하기도 하고 그래서 그 아이들을 감당

할 수가 없었던 거야. 다행히 그때까지 쌀은 떨어지지 않았대. 그런데 쌀이라는 게 원래 어른들 양식이지 애들은 쌀밥 그거 별로 좋아하지 않잖아. 애들은 그때까지도 마린이 엄마 치맛자락을 붙들고 엄마 우리도 피자 한판만 사먹자 피자 한판만 사먹자, 졸라대길래, 세 아이를 앉혀 놓고 닥치는 대로 때려 놓았대. 영문도 모른 아이들은 파자 한판 사달라는 말 때문에 엄마한테 뒈지게? 맞았지.

언니의 이야기 속으로 하얀 눈발이 하나 둘 흩날렸어요. 정말 눈은 하염없이 내렸어요.

벌겋게 손 줄이 난 아이들 엉덩이를 만지며 그날 마린이 엄마는 화장실에서 물을 틀어 놓고 아이들처럼 엉엉 울었대. 그 얘기를 얼마 뒤 나한테 와서 하는 거야. 그래서 난 참 안됐다 싶었어. 그날 교회 가서 정말 고해성사 하는 마음으로 하느님께 기도를 했어. 정말 감사하다고 내게는 그런 시련을 주지 않고 이렇게 편안하게 살게 해 주셔서 감사하다고, 애들 아빠가 직장을 잃지 않고 잘 다니게 해줘서 감사하다고, 그리고 그날 저녁 마린이 엄마를 불렀어. 자존심 상할까봐, 대수롭지 않게 우리 집에서 밥이나 한 끼 먹자, 하고 말이야. 마린이 엄마 아이 셋을 데리고 집으로 왔더라. 그런데 저녁을 잘 먹고 나서 피자를 한판 시켜 애들은 방으로 들여보내놓고 오늘처럼 이렇게 다탁에 앉아 차를 마시는데 마린이 엄마가 내 손을 붙들고는 언니, 고마워 언니, 고마워 이 은혜 잊지 않을게. 하는 거야. 나는 뭘 그런 걸 가지고 그러냐고 기운 내라고 했지. 애 셋을 데리고 혹시 딴 맘 먹을까봐.

돌아가는 길에 마린이 엄마 손을 꼭 쥐고는, 기운 내, 하면서 일부러 오만원 돈을 두 번 접어 손바닥에 넣어 주었어. 자꾸 안 받으려고 하는데 그냥 밀어 넣었지. 얼마나 돈이 필요했겠어. 자기마음 다 알아 그냥 받아둬. 큰돈도 아닌데 뭘 애들 피자나 한판 사줘라 많이 못줘 미안해. 했더니 몇 달이 지난 후 마린이 엄마가 우리 집에 찾아왔더라. 언니 너무 고마워서… 마린이 엄마는 말을 잇지 못했어. 친척 누구 하나 안됐다고, 어떻게 살길을 찾아야지, 하면서 위로라고는 했지만, 단 돈 천 원 한 장 보태주는 사람 없었대. 그러면서 마린엄마, 언니가 준 그 돈 실은 딴 데 썼다? 하는 거야. 아무려면 어때 유용한데 썼으면 됐지. 언니 나 그 돈으로 두 달 밀린 전기세 내고 밀가루 사와 애들 피자 빵 만들어 줬어. 언니 미안해, 하는 거야 그래 잘 했어. 나는 마린이 엄마의 넓은 등짝을 토닥거리면서 그랬지. 괜찮다고, 마린이 엄마 또 울먹거리더라.

언니의 얘기가 계속 되는 동안 눈송이도 제법 굵어져 창틀에 쌓이기 시작했어요. 참 푸짐하게도 눈이 내리는 날이었어요. 이러한 눈은 거실에 앉아 차나 한 잔 마시며 보시기에 족한 눈이에요.

산에 들에

봄날이 다가오는데 이 글은 몇 년 전 가을의 이야기입니다. 하도 재미있게 다녀온 그날의 기억 때문에 되새김하고 싶어 보내봅니다.

그 가을에 다리가 아팠지만 그래도 즐거웠던 하루였습니다. 늘 반복학습을 해도 자주 잊어버리지만 보고, 듣고, 만져보고, 먹어보고, 발로 밟아 느껴보고 하는 통에 그나마 기억되는 것 같습니다. 쇠뜨기가 봄가을 다른 것도 특이한 점이었습니다. 풀도 없는 봄에 나는 쇠뜨기의 생식경은 정말 오동통너구리 같아 그걸 볶아 먹으면 쇠고기 이상으로 맛이 좋았다는 말도 들었습니다. 버섯처럼 맛있다네요? 안 먹어봐서 모르지만, 옛날 옛적 보릿고개 넘기던 시절 이야기인가 봅니다.

오늘 알게 된 것 중에 하나는 한련초의 줄기가 까매지는 것이 참 신기했고요, 한련초의 꽃은 새끼해바라기 꽃모양을 하고 있었는데 줄기를 꺾어 30초만 보고 있으면 까맣게 색이 변하는데 하참 그것도 신기하대요? 또 가을 쇠뜨기는 똑똑 마디가 부러지는 것이 갖고 놀기 좋게 생겼습디다. 아,

환삼덩굴, 여태 인삼이 친구가 한삼이인가 했는데 한삼이를 새삼 진귀한 놈이구나 생각하게 되었습니다. 한삼이 놈?이 씨앗을 맺었는데 글쎄 달팽이랑 연앨했더라구요? 세상에 만상에 구아바만 망고를 유혹하는 줄 알았더니 한삼이가 달팽이를 유혹할 줄이야 인간인 우리가 어떻게 알았겠습니까? 한삼이가 씨앗을 뱄는데 어쩌믄 달팽이?인 것 있죠? 거짓말이라구요? 그럼 한삼이 형님 산삼이한테 물어볼까요? 물어보나 마나예요. 산삼이도 모르는 일이니까. 일단 나중에 한삼이 보시면 그 씨앗을 확인하기 바랍니다. 아, 동네방네 소문이 쫙 났어요. 한삼이가 달팽이를 뱄다고요. 루페로 확인하시기 바랍니다. 정말 신기했어요. 씨앗이 달팽이 닮았다는 것에 대해.

아, 전 개인적으로 석류풀과 중대가리 풀이 재미있는 풀이라는 생각이 들었어요. 그런데 왜 석류풀은 잎이 석류를 닮았을까요? 석류를 닮았는지 알아보려면 먼저 석류가 어떻게 생겼는지를 알아야겠지요? 석류는 알겠는데 글쎄요? 정말 잎이 석류를 닮았는지는 좀, 갸웃둥 해지더라는 말이죠. 나중에 다시한번 확인을 해야겠어요.

그리고 중대가리풀이라니, 재미있는 풀꽃이름이라는 생각이 듭니다. 물론 욕 비슷한 풀들의 이름도 재밌긴 하죠. 개불알풀꽃이나, 불쌍한 이름을 가진 며느리밥풀꽃 또 우스운 며느리배꼽풀, 혹시 며느리인 여러분의 배꼽이 그렇게 생겼습니까? 그런데 왜 며느리 손톱이나 발톱, 가슴, 엉덩이 이런 이름은 없을까요? 하긴 그건 그 시대에 드러내놓고 욕하기가 뭣했을까요? 우스운 이름 중에 엉뚱한 이름인 뚱딴지도 넣어줄까요. 희한한 것 하나 산초나무는 줄기가 변해서 가시가 되었다고요. 그러니까 맨 아래 가시를 통해 그 가시에서 뻗어 나온 매듭?을 통해 산초 아가씨의 나이를 알 수 있다고, 참 아까시는 턱잎이 변해서 가시가 됐다네요?

돌아오다가 새삼스레 이번에는 꼭두서니가 내 마음을 사로잡았는데, 글쎄 꼭두서니의 모양새를 위에서 아래를 보고 팍 찍어보니 어쩌면 그렇게 정?사각형의 멋진 모양을 하고 있는지, 다른 때는 그런가 하고 지나갔던 것들이 이번에는 제 눈에 딱 걸려들어 옳거니 이제야 꼭두서니가 나와 눈을 맞추고자 하는군, 그가 보내는 암호 같은 메시지를 풀어보니 꼭두서니가 나를 보고 자기 이름 알아달라고 손짓을 하고 있었던 거죠. 짜슥 진즉 말하지. 내가 몇 년이나 기다렸는데…….

또 하나, 흐으, 송장풀을 보고 은주 씨가 시체풀이라고, 푸하하하 시체풀, 시체풀이라니……. 암튼 무지 재미있는 색다른 이름인 시체풀을 마주하고 우리는 이게 시체풀이야? 다시한번, 음~ 시체풀이구먼.

그것들을 다 보고 오는데 물속에서 두꺼비도 보고, 오~로로로로로로로로라고 울어대는 산개구리도 보았답니다. 그런데 어떻게 구분하는지도 아직 잘 모르겠어요. 울음소리는 들어봤는데, 오로로로로로라고. 오리처럼 우는 개구리도 있긴 하대요. 오늘 큰 수확이었습니다. 새삼 닭발산(계족산이라네요)의 산행이 생생하게 전해져 오네요. 이정도면 열심히 숲속에서 논 셈이죠? 가서 보면 끝나는 것이겠지만 하도 재미있게 들었던 내용들이라 그냥 한 번 더 더듬고 가보자 하고 여기에 기록을 남깁니다. 그러면 실체가 더 확실해진다는 것을 터득한 터라 정리를 해 봤습니다.

이제 곧 먼 산에 봄이 올 것 같습니다. 오늘 낮 최고기온 14도, 정말 봄이 저만큼 손짓을 하는 것 같아요. 당신도 봄날이 그리워지기를 바라고 행복하시길 바랍니다.

산에 사는 남자의 아주 작은 문신

비가 오고 있었어요. 남자는 비 오는 산에 올라가 취나물을 뜯었어요. 취는 벌써 세고 있었지만 남자는 핫바지 가랑이가 다 젖도록 열심히 뜯었지요. 남자는 뜯은 취를 마당에 걸린 솥에 놓고 데쳐내고 산에서 흘러나오는 물을 받아 헹구어 소쿠리에 받쳐 삽질이나 하면 딱 좋을 큰 손으로 불끈 쥐어짰습니다. 어느 정도 물기가 가시자, 그 취를 한 쾌기 두 쾌기…… 주먹주먹 네 봉지를 만들어 들고 산을 내려갔지요. 항상 남자는 손에 풀물이 들어 있었고 봄에는 여인네처럼 나물을 뜯는 일을 하고 가을이면 장작을 팼답니다. 남자의 손에 들려진 취나물은 한 움큼 한 움큼 친구들에게 나누어졌어요. 저도 물론 그 취나물을 얻어가지고 집으로 와 식구들의 입을 즐겁게 해 주었습니다.

남자는 나주 사람이라고 했습니다. 몸이 실해 건장한 장수를 연상하게도 하는데 덩지에 어울리지 않게, 마음이 여려서 가끔 울먹거리도 했지요. 아이로니컬하게도 그 남자 전직은 초등학교 선생이었다고 합니다.

어느 저물어 가는 저녁 무렵 산사의 노을을 보면서 왜 선생을 그만 두었냐고 묻자 그는 헐헐 웃으며 '풍금을 못쳐서'라고 했습니다. 의아하게 쳐다보는 제게 "그땐 그랬어요. 지금이야 그렇지 않지만 선생 하나가 음악도 가르치고 미술도 가르치고 노래도 가르치고 바느질도 가르쳐야 했어요. 그런데 이상하게 풍금만큼은 도저히 못하겠더라구요. 그래서 꾀를 내어 피아노 잘 치는 여선생과 수업을 바꿔서 하기도 했죠. 체육은 내가 가르치고 음악은 여선생이 가르치고……." 노래를 하라면 하겠는데 풍금을 치는 것이 여간 힘든 일이 아니었다고 합니다.

가끔 좋은 풍경을 보거나 슬픈 이야기를 들으면 노을 속에서 남자는 울었어요. 황소만한 남자가 큰 몸집을 들먹거리며 황소처럼 음머 음머 울었어요.

20여년을 산에 살다보니 세상은 다 잊어버리고 정말 산사람이 되었지요. 그래서인지 남자는 제법 산사람의 냄새가 났어요. 남자에게는 송아지 같은 자식도 둘이나 있고, 또한 아리따운 각시가 있었는데 그 각시가 노래를 부르면 꾀꼬리 같았다고 합니다. 그 꾀꼬리 같은 노랫소리에 반해서 느티나무 밑동에서 그 여자와 사랑을 나누고 눈이 오면 눈밭에서 사랑을 나누고 계곡 아래 폭포수에서도 사랑을 나누고 가을에 보리씨앗을 뿌려 두고 그 보리밭 고랑에서도 사랑을 했답니다. 그렇게 해서 튼튼한 아들을 둘이나 얻었는데 그만 그 여자와는 작은 오해가 생겨 헤어지고 말았다네요.

그렇게 산에 살던 그 남자가 어느 날 산을 내려와 노래방을 가게 되었어요. 한창 분위기가 무르익고 흥이 나자 젊을 때 했던 버릇이 오롯이 나타나기 시작했어요. 남자는 대학을 다닐 때 연극동아리에 들어 연극을 하기도 했는데 유진 오닐의 안개는 걷히고, 라는 연극이었대요. 주인공 역할을 맡은 것이죠. 그게 아주 불행한 역할이었지만 어쩌면 자기 인생이 그렇게 되어버린 게 그 연극 때문은 아닐까 하는 생각을 가끔 하곤 한답니다. 왜냐하면 그 연극은 안개가 휩싸인 뱃전에서 주인공이 죽은 역이었다나요? 그래서 그 남자는 가끔 그 연극을 두고 늘 자기 인생과 연관시켜 생각하는 버릇이 있었는데 아마도 그 연극이 꼭 자기 인생만 같다고 생각하는 모양이었어요.

한창 분위기가 무르익어가고 이 남자도 끼를 발휘할 수 있는 기회가 왔어요. 아니 뭐 그 끼를 작정하고 발휘했다라기 보다는 그냥 자연스럽게 가슴 저 밑바닥에 숨겨진 기운이 음악과 함께 저절로 넘쳐흘러 덩실덩실 춤으로 이어지게 되었다는 말입니다. 남자는 분위기가 무르익자 택견하는 사람처럼 어깨춤을 덩실덩실 추기 시작했지요. 차림새를 살펴보면 어깨춤이 딱 어울리게 넉넉한 어깨며 헐렁한 도포자락을 휘날리며 춤을 추는데 남자의 춤사위는 그럴 듯 했어요. 머리는 가운데가 텅 비어 묵은 밭 모양을 하고 있지만 귀 가장자리로 겨우 가뭄에 콩 나듯한 머리카락을 그러모아 뒷꼭지에 마당에서 주운 고무줄로 질근 동여 맨 모양은 무슨 도사를 연상케 했지요. 훌렁훌렁 춤을 추던 그는 급기야 겉옷을 벗어버리고 핫바지에 민소매 차림으로 춤을 추는데 언제 저 도사님 같은 남자가 짜잔하게 울었던가 싶게 덩실덩실 춤을 추었어요. 우아한 학을 보는 듯 신비감마저 느껴졌어요.

그런데 그렇게 한창 춤을 구경하고 있는데 남자의 벗은 민소매 아래 울퉁불퉁한 근육질의 팔뚝에 정말 그이 과거가 저렇게 짜잔했을라나 싶게 작은, 마음심 심(心) 자가 조아하게 박혀 있는 게 보였어요. 갑자기 불끈불끈 한 팔뚝 안쪽에 그 조그마한 마음심(心)자의 문신을 보는 순간 그의 눈물이 생각나는 것은 왜였을까요? 그 문신이 그의 왕방울만한 눈물을 보는 것 같아서 정말 우습기도 하고 안쓰럽기도 했어요. 손톱만한 문신이라니, 정말 눈물이 나려고 했지요. 남자의 마음심(心)이 그가 추는 춤과 함께 울근불근한 팔뚝 사이에서 물결처럼 살아 움직이고 있었어요. 꾸물렁 꾸물렁.

그곳 선자령 이야기

대전으로 이사 온 지 오늘로 6년이 되어가네요. 가끔 그쪽 일들이 궁금하기도 하고 친하게 지냈던 사람들이 보고 싶기도 하지만 사람은 어디 가서나 살 수 있게 되어 있나봅니다.

대전에서도 아주 씩씩하게 잘 살고 있으니 말이에요. 오늘도 경상도 말로 비가 억수로 쏟아지는데 갑천으로 그 비를 고스란히 맞으면서 물 구경을 갔어요. 우산을 받치고서도 신발에 물이 마구 들어오고 엉덩이께까지 비가 들이치고 결국에는 빤쓰?까지 젖어버렸지만 온 식구가 맨발로 우레탄 길을 걸으며 온 몸으로 비 마중을 하는 것도 좋았어요. 지금쯤 중국여행에서 돌아와 있겠네요.

어제는 애들 데리고 늘 말로만 들었던 대관령 선자령을 다녀왔어요. 정말 가보고 싶었거든요. 고개 이름이 예쁘잖아요, 선자령! 우리 동네 선자가 넘던 고갯길인 것만 같아 정이 가는 이름이에요. 아다시피 저는 촌년이라 자연스럽고 촌스러운 것들이 좋아요. 그것은 아마도 제 속에 대물림되어 내려오는 촌것에 대한 애틋한 그리움 때문인지도 모르죠. 선자령을 힘들게 오르면서 세상을 향한 끝없는 욕심과 욕망으로부터 스스로를 견제 할 수 있는 시간이 되는 것 같아 좋았어요. 선자령을 오르는 초입에 한쪽에서만 부는 바람을 맞은 때문인지 가지들이 한쪽으로 쏠려 있는 낙엽송을 봤어요. 한치 앞도 내다보지 못하고 엎어지고 자빠지고 아웅다웅 사는 인간보다야 수십 년 수백 년을 한자리에 의연히 서서 씨앗도 퍼트리고 제 할일을 다하는 모습에 한없이 낙엽송 앞에 오그라드는 저를 발견하기도 했답니다.

찜통더위도 아랑곳 하지 않고 땀을 삘삘 흘리면서 발걸음을 내 딛는 아이들이 대견하기도 하고 잘 데리고 왔구나 하는 생각 다섯 번 이상 했습니다.

오고 가는 길에 사람의 발길이 그다지 닿지 않아 야생화는 자기 모습을 많이 간직하고 있었는데 동네 개천가나 아파트에서는 볼 수 없는 다양한 꽃을 볼 수 있어서 좋았습니다.

오뉴월 꽃은 다 지고 있었습니다. 뜨거운 태양 앞에 민들레도 "바람님! 어서 나를 흔들어 주세요." 하면서 탐스러운 씨앗을 준비하고 있었구요. 초롱꽃도 보고 깨꽃과에 속하는 꿀풀(꽃)도 이곳에는 많이 피었습디다. 애기별꽃은 서서히 지고 있었구요.

당신이 지리산 가서 그렇게 놀랐다는 현호색 씨 퍼트리기도 해보고 싶었지만 그 꽃은 이미 져버렸는지 보이지 않았구요. 아, 그런데 한 번 큰아이가 현호색 꽃을 보며 괴성을 지르던 적이 있어요. 현호색 앞에서요."왜 그래?" "꽃 속에서 벌레가 나왔어." " 뭐라구?" 아, 글쎄 꽃 속에서 벌레가 나왔대요. 그땐 그냥 벌레가 나왔나 보다 생각했는데 지금 생각해 보니 씨앗이었는지도 모르겠다 싶네요. 돌나물도 아닌 것이 땅채송화도 아닌 것이 도대체 무슨 꽃인지 노랗게 피어서 우릴 반겨주었어요. 그런가하면 붓꽃이며 함박꽃 붉은 토끼풀 들국화 노루오줌풀(꽃)을 보기도 했어요. 노루오줌싹 나는 건 봤어도 꽃 피는 건 처음 봐요. 역시 꽃의 일생을 보려면 사계를 다 봐야겠죠. 갈퀴나물이며 참조팝꽃도 예쁘게 피었더랬어요. 엉겅퀴며 뚝새풀도 보이고 곧 나리꽃들이 핀대요. 여름이 뜨겁게 타오를 즈음 우리 한번 가요. 선자령을 넘어 대관령까지……. 선자령을 오르면서 주변에서는 볼 수 없었던 야생화를 접할 수 있었던 것도 큰 소득이었지만 산 아래 동네에서 있었던 일들을 잊고 산 위로 올라와 다들 부드러운 심성이 되어 숲속에서 노래도 하고 식사도 한 일들도 기억에 남을 것 같네요.

구불구불 올라간 초원 평지에서 맥주 마시는 게임을 했는데 전 정말 목이 말라 물을 마시고 싶었는데 때 맞춰 맥주 마시기 게임을 해서 잠깐의 갈증을 해결하기도 했습니다. 빨리 마시는 팀이 이기는 놀이였는데 정말 다 마시고 싶어도 뒷사람 생각해서 조금은 남겨야 되겠다는 생각이 들더군요. 너무 많이 마시면 염치없잖아요. 다들 목이 마를 텐데……. 누구 아이디어였는지 정말 그 날에 어울리는 놀이다 싶었어요. 줄넘기도 하고 2인 삼각 발목 묶고 달리기도 하고, 줄넘기 줄이며 맥주 차게 해서 지고 올라오느라 몇 분이 고생을 했어요. 땀을 많이 흘려 옷이 다 젖었지만 오래 기억에 남을 것 같아요.

대관령 양떼목장에서도 아이들은 즐거웠어요. 작은아이는 "엄마 거기 가면 양고기도 먹을 수 있어?" 라고 묻기도 했던 곳이라서 기대를 많이 하고 있었는데 나름대로 즐거웠던 모양이에요. 전 지쳐서, 아니 그보다도 케메라를 잃어버린 줄 알고 호들갑을 떨다가 올라갈 시간을 놓쳐 못 올라가고 말았어요. 그러는 동안 큰아이, 작은아이는 얼마나 즐거웠는지 나중에 차 타려고 보니까 큰아이가 없는 거예요. 글쎄, 걔가 좀 그런 데가 있잖아요. 그 왕성한 호기심 때문에 양들이랑 놀다가 나중에는 헐레벌떡 세 처녀랑 뛰어오지 뭐예요. 차안에서 기다려 주는 사람들에게 미안하기도 하고, 아무튼 양떼 목장에서는 큰아이가 즐거웠던 모양이에요.

다음에는 대관령 기상대를 갔는데 기상대에서 일하는 분이 회원이라서 좋은 얘기를 들을 수 있었어요. 기상 관측하는 곳이었는데 겨울이 오면 으레 뉴스에 나오기 마련인 대관령의 첫눈 소식을 그곳에서 측정한 것을 토대로 방송에 내보낸다네요. 어느 한 날 그곳에 내린 눈이 우리나라 첫눈 소식의 기준이 되고 있다니 재미있죠? 그리고 더 재미있는 것은 그곳에 심어 놓은 단풍나무인데 우리나라 산에 단풍이 들어가는 시기를 측정한다내요. 나무 한 그루로 말이죠? 희한하죠? 어떻게 단풍이 물들어 가는 시기를 관측하나 했더니 바로 고것이었더라구요? 기상대의 일사량 일조량 강수량 등은 별 관심을 갖지 않지만 적설량이나 단풍철의 단풍 시기 등은 관심을 많이 갖잖아요. 가기 전부터 기상대에 관심이 많았거든요. 어릴 때부터 아버지가 5시 50분이면 늘 라디오를 켜놓고 김동환 통보관의 일기예보를 들었어요. 아버지의 하루 일과는 그렇게 시작되었는데 그 시간에 저도 늘 깨곤 했어요. 나중에 다시 잠이 들긴 했지만. 바다를 바라보고 그곳을 생업으로 먹고 사는 사람들한테는 일기예보만큼 중요한 것은 없었지요. 그때는 가끔 틀리기도 했지만 어느 정도 일기예보관의 예보에 의지를 하는 것도 사실이었거든요. 지금은 기상통보관이라고 하지만 그때는 예보관이었어요. 어릴 때 제비가 낮게만 날아도 곧 비가 오려나보다 생각했고 샛바람만 불어도 그 바람 속에서 비 냄새를 맡곤 했어요. 코가 발달해서가 아니라 살아온 경험으로 미루어 샛바람이 불면 비가오더라, 라는 것을 알게 된 거죠. 지금 생각해보면 문학 공부를 하지 말고 그때 일찍이 그런 것에 관심을 갖고 기상학과를 갔더라면 어땠을까하는 생각을 하게 되네요. 더 재미있는 인생을 살지 않았을까 하는 생각도 들어요.

즐거운 여행이었어요. 아이들이 사춘기가 되어 자기 몸에 대해서 싱숭생숭해지고 인생이 아리송해질 때 한번 쯤 찾아와도 좋겠고 처녀 총각이 되어 자기들 짝과 함께 와도 좋을 곳이고 혹시나 인생의 좌절감을 느끼고 세상 시름 다 잊고 싶을 때 혼자 이 선자령을 넘어도 이렇게 좋은 곳은 없겠다 싶네요. 아이들에게 좋은 추억 만들어 주려고 데리고 온 건데 그 놈들이 엄마마음을 알라나? 즈들 나이 스무 살 즈음에 "어머니 고맙습니다." 이 한 마디면 좋겠어요. 당신과 함께 언제 꼭 한 번 다시오고 싶은 곳이었습니다. 여름이 다 가기 전에 꼭 한 번 갑시다요. 다음에 편지 보낼 때까지 건강하게 서로 열심히 뛰길 바랄게요. 그래야 53kg의 체중을 유지하죠? 그리고 꼭 한 번 갑천에 놀러오세요. 늘 건강하길 바라며 늘 당신의 생이 즐거웁기를 바랍니다. 사진 몇 장 더불어 보내니 선자령 발걸음 놓는 것만 못하겠지만 감상하세요.

내 사랑 아반떼

현관을 나서면서 얼마 전까지 남편이 타던 빨간색 아반떼를 두리번거리면서 찾습니다. 눈인사라도 하고 가야 할 것 같아서 찾는데 아무리 둘러봐도 보이지 않으니 기분이 이상하고 허전합니다.

그러고 보니 얼마 전에 남편은 20년 가까이 된 차를 버리고 새 차를 장만 했습니다. 그런데 오늘따라 이상하게 그 아반떼가 피붙이처럼 느껴지고 마음이 울적해집니다. 생각해보니 빨간색 아반떼랑 작별인사도 못했다는 생각이 스치고 지나갑니다. 저는 부랴부랴 남편한테 전화를 해서 아반떼 아직 폐차 안 했지? 폐차하면 안 돼, 아직은 안 돼, 아직은 아냐, 하면서 남편에게 다급하게 전하는데 남편은 왜 그러는데? 합니다. 아직 아반떼랑 인사도 못했어, 그러니까 아직 폐차 전이라면 스톱해달라고 해. 남편은 뭔 소리냐는 듯 벌써 폐차 했을걸? 아무렇지도 않게 말합니다. 에구 그러면 안 돼 안 된다고?

남편의 말에 다시 마음이 울적해집니다. 그 아반떼랑 함께 한 시간이 얼만데 우리가족의 애마이자 달구지이자 지게꾼이자 짐꾼이었는데 아이들이 아팠을 때 앰뷸런스로, 어머님이 쓰러졌을 때는 세상에서 가장 빠른 교통수단으로 활약을 했는데…….

그런가하면 때론 술 취한 남편을 실어 나르는 대리운전 기사역할로 둘째 아이가 최초로 우리가족의 품으로 돌아올 때도 그 역할을 아주 훌륭하게 잘 수행해 냈는데 이제 늙었다고 쓸모없다고 힘 떨어졌다고 그렇게 막 버려도 되냐고 남편한테 항의하는 마음이 되었습니다.

남편은 차를 반듯하게 세우는 성격도 아니고 주차공간에 애써 세우는 성격도 아니어서 되는대로, 공간이 허락하는 대로 아무렇게나 세우는 성격이라 차가 수난을 당하기 일쑤였습니다. 늘 남편의 차는 주인을 잘 못 만나 고생하는 머슴처럼 지친 몰골로 아파트 앞마당에 세워져 있었습니다. 그런 아반떼를 버리고 차를 갈아타야 한다고 하면서 몇 달을 조르더니 결국 남편은 차를 탔습니다. 주인의 사랑을 받으며 깨끗하고 반듯하게 세워진 차가 아니라 씻기지도 않은 차가 황사범벅이거나 송홧가루 범벅이 되어 아파트 마당에 세워진 걸 보면 늘 미안하고 짠하다는 생각을 했는데 새삼스럽게 오늘 아침 더욱 그런 마음이 듭니다.

아파트 한 귀퉁이에 천덕꾸러기처럼 세워진 지친 차를 볼 때마다 남편이 미웠습니다. 세차권까지 주면서 우리의 황소를 저렇게 두어서야 되겠어? 좀 씻겨서 부리지 정말, 이라고 했지만 남편은 아랑곳없었었습니다. 늘 말만 응응, 했지요 그런 아반떼를 볼 때마다 미안해지곤 했는데 오늘 아침 현관을 나서면서 빨간색 아반떼가 안 보이니 더욱 서운합니다.

작별인사도 하지 않았는데 십년 키운 강아지 마냥 그 아반떼가 그리워집니다. 두리번거리며 찾고 있는 나를 돌아보면서 참 이상도 하지, 그동안 앞마당에 세워져 있을 때는 아무렇지도 않던 그 차가 갑자기 폐차되었다고 생각하는 순간 그립고 아쉬운 것은 왜 일까요? 정말 눈물이 날 정도로 아쉬운 생각이 듭니다. 왜냐하면 그 아반떼는 우리가족과 함께 살았으니까요. 아이들이 다 자랐을 때는 아이들과 함께 그 차에 실려 전국 방방곡곡 여행을 다니면서 동서남북 달려 다녔던 정든 차이고 동생이 병중으로 아팠을 때는 지치고 힘든 우리가족을 동생이 있는 산중까지 실어다 주고 가족의 슬픈 울음소리를 들어준 것도 아반떼였습니다. 세상에 아무런 인사도 없이 그렇게 폐차장으로 혼자서 들어가는 아반떼의 찌그러진 모습을 떠올려보니 너무나 불상하고 안 됐고 서운합니다.

동생이 아쉬움을 남기고 가버린 것만큼이나 아반떼가 사라진 것이 안타깝습니다. 이렇게 헤어지는 것은 아반떼에 대한 예의가 아니라는 생각이 듭니다. 부지런한 머슴처럼 우리 집 살림을 충실히 해낸 아반떼의 공을 우리가족은 잊어서는 안 될 것입니다. 지금 아반떼가 옆에 있다면 그리고 며칠을 되돌려 그 시간 앞에 있다면 저는 아반떼를 쓰다듬으며 그렇게 말하고 싶습니다. 아반떼야 고마워 우리아이들을 키우고 우리 집 경제를 살찌우게 해 줬던 것도 너였고 우리가족의 생활을 윤택하고 더 빛나게 해준 것도 너였어. 잔 고장 한번 없이 여태까지 잘 견뎌 주었고 우리 집 살림살이와 함께 늙고 낡아진 너였어……. 정말 고마워 다시 새로운 물건으로 태어나 이제는 밖에서 먼지 뒤집어쓰고 다니는 자동차 말고 시원한 바람을 일으켜주는 선풍기로 태어나던지 세탁기로 태어나던지 좀 더 보람 있는 철로 재탄생하기를 바란다, 라고 얘기해주고 싶어요.

참 이상도 하죠? 생명이 없는 그러한 사물들도 이렇게 서운한데 10년 키운 강아지나 생명이 있는 것들은 더 말 할 것도 없겠다, 는 생각이 들어요. 정말 어느 분이 십년 동안 키운 강아지를 양지쪽 좋은 곳에 봉분을 만들어 묻어 주었다는 말에도 전혀 감동하지 않았는데 우리가족과 18년 동안이나 함께 한 차를 보내고 난 후에야 그런 생각이 드네요.

전에 두어 달 키운 고양이를 다른 집으로 보낼 때도 이렇게 서운하지 않았는데 딸애는 닭똥 같은 눈물을 뚝뚝 흘리면서 어디로 보냈냐고 자기가 아는 친구의 시골할머니한테 보내라고 그래야 가끔 가서 볼 거 아니냐는 말을 할 때조차도 기르는 것이 사람 키우는 것 보다 힘이 들어 그런 일 없을 거야 속으로 야멸차게 다짐했던 그때도 이런 생각이 들지 않았는데 정말 어제 오늘 왜 이렇게 허전한 마음이 드는 걸까요?

아반떼 아직 폐차 안했으면 폐차장에 한번 가보자고 해야겠어요. 가족 모두가 가서 인사를 해야겠다고 해야죠. 그동안 고마웠다고 정말 고마웠다고 마치 늙은 어미 고려장하듯이 그렇게 보낼 수는 없어요. 우리가족을 같이 태우고 다니면서 뭉개고 뒹굴고 하면서 정이 들었기 때문일 거예요. 마치 죽은 자식 못 보내는 부모처럼 마음이 아프네요. 아직 폐차가 안 되었다면 꼭 가족이 모두 가서 작별 인사를 하고 올 텐데 한번 어루만지고 쓰다듬으며 그동안 고마웠다고 할 건데 뻐다귀? 라도 남았으면 그 뻐다귀에라도 고마웠다고 되뇌고 오고 싶은 생각이 들어요.

하지만 이제 늦은 것 같아요. 이미 폐차가 되었을 거예요. 아마 폐차하면서 찻값을 받았으니 이미 끝난 거겠지요?

내 사랑 아반떼 안녕 잘 가. 그 동안 함께 해줘서 고마웠어. 좋은 물건으로 새롭게 태어나 좋은 주인을 만나 갈 때까지 유용하게 쓰이길 바라, 혼자 속으로 되뇌어 봅니다.

3

조팝꽃이 날리네

횃댓보

그해 겨울 친구들은 모두들 뭍으로 유학을 떠나고 제가 할 수 있는 일이라고는 무연히 노을 속에 솔숲을 지나 해변가를 자전거로 달리는 한 소년을 바라보며 가슴 설레며 지내는 일과 오빠가 떠난 빈방에 들어앉아 안톤 체홉의 벚꽃나무와 까뮈의 이방인이 나오는 문학사상이라는 잡지를 읽으며 그 암담한 겨울을 지내야했습니다. 오빠의 빈 벽장 가득 오빠가 미처 가져가지 못한 책이며 잡지가 횃댓보를 걷으면 벽장 안에서 쏟아져 나왔어요. 어쩌면 그곳은 제 보물 창고였는지도 모릅니다.

할머니가 시집 올 때 해 왔다는 횃댓보는 모란꽃인 듯싶은 꽃이 십자수로 수놓아져 있었고 가장자리는 복복(福)자가 한자로 수놓아져 있었어요. 누렇고 빛이 바랬지만 십자수만큼은 선명하게 그려져 있었지요. 어떻게 저렇게 본도 없이 잘 그려서 저렇게 아름다운 수를 놓을 수 있었을까? 언젠가 할머니가 그랬어요.

"예전에는 말이다. 우리 시집 올 땐 하나 같이 그때 처녀들은 시집 갈 준

비를 수 놓는 것으로부터 시작했니라."

횃댓보를 빨아 풀을 먹이는 할머니 옆에서 사춘기의 저는 풀을 조물락거리고 있었어요. 할머니의 이마에 햇살이 고왔지요.

"어떻게 본도 없이 할머니는 저렇게 예쁜 모란을 수놨어?"

쪽진 할머니 머리카락 사이에서 은비녀가 반짝였는데 참 고운 날이었어요. 가끔 비녀를 가지고 장난을 치기도 했는데 가벼운 비녀가 신기해 내 머리 뒤에 머리칼을 둘둘 말아 꽂아보았지만 늘 스르르 풀려버리곤 했지요.

"우리 땐 그게 일이었어. 처녀들이 달리 할 일이 있는 것도 아니어서 저녁밥만 먹으면 그렇게 동네 밤마실을 다녔니라. 거기서 세상 돌아가는 판세도 알고 이 동네 저 동네 이야기도 얻어듣고 그랬지. 거기서 모란꽃 본도 손으로 그려서 수를 놓았지. 그러니까 본이 없는 것은 아니었어. 누군가 본을 그리면 그것을 따라 그리곤 했으니께."

"그런데 붉고 푸른 실들은 어디서 났어요?"

"명주실에 물을 들였지. 치자물도 들이고 쪽물도 들이고 오배자물도 들이고 그렇게 만들었지 색실을."

"아, 그런 방법이 있었구나, 그때 처녀들이 지금 태어났다면 다 문화재감이었겠다."

"하는 일이 그러니께. 테레비가 있는 것도 아니고 라디오도 없는 세상이었고 영화관도 없었고 밤이면 모여 앉아 얘기 나누고 수놓는 것이 일이었지."

그런 할머니도 화단에 모란꽃과 함께 이승의 강을 건넌지도 벌써 20여년이 다 되어갑니다.

횃댓보를 젖히면 그 속에서는 할머니의 냄새와 묵은 책 냄새, 그리고 주인을 잃은 낡은 기타와 옷가지가 나왔어요. 큰엄마는 틈만 나면 사립짝에 얼굴을 내미는 나를 보고는,

"야야, 저리가라 저리가, 귀찮아 죽겠다."라고 이 세상에서 애들은 정말 징글징글하다는 듯이 손사래를 치며 저리가라고 했지만 저는 귀찮아하는 큰 엄마의 눈길을 피해 도둑고양이처럼 오빠의 방에 스며들었어요. 큰 엄마가 그도 그럴 것이 줄줄이 딸만 아홉에다 저 위로 저 아래로 각각 아들이 하나씩 달려 도합 열 한명이나 되는 이 자식들이 귀찮고 또 귀찮았을 거예요. 2년 터울로 하나도 안 잃고 줄줄이 강아지 새끼마냥 낳아 놓고 먹일 걱정 입힐 걱정 가르칠 걱정 그야말로 걱정이 태산일 터였지요. 그러니 저까지 걸구치니? 얼마나 귀찮았겠나 싶어요. 그저 눈에 띈다는 것만으로도 정말 손이 저절로 흔들어졌을 거예요.

하지만 저는 그러거나 말거나 틈만 나면 횃댓보가 있는 오빠의 방에 스며들곤 했습니다.

비밀의 방

자그마한 큰엄마의 몸에서 나온 애들은 무려 열하나씩이나 되었어요. 아이 열하나를 뽑아낸? 큰 엄마의 가장 큰 적?은 아이들이었지요. 너무 귀찮은 아이들이었어요. 더구나 딸만 아홉이었으니 말해 무엇해요. 큰아버지가 어쩌다 동네 마실을 나가 딸들에 대해 소개 할 때는 도대체 그 많은 딸들을 어떻게 소개해야 할지 난감했습니다. 이름도 다 외우지 못할 정도로 헷갈리기까지 했는데… 큰아버지는 우스갯소리로 아이들을 소개했어요.

큰 놈?은 일순이 두차는 이순이 시차는 삼순이 니차는 사순이 다섯차는 오순이 등으로 입에서 나오는대로 소개를 했지요. 본명이 있는데도요. 큰 엄마는 열여섯에 재 너머에서 시집을 와 달거리 하자마자 애를 낳는 동안 한번도 달거리용 개짐을 차 본 적 없이 내리 2년차로 열 한아이를 낳았더니, 24년이 훌쩍 지나가버렸다고 했어요. 무럭무럭 자라는 아이들이 무섭게 먹어대는 통에 마음을 놓고 쉴 수도 없었고 부지런히 산으로 들로 밭으로 다니면서 밭을 일구고 감자를 심고 옥수수를 심고 모내기를 하고 콩을 심고 하는 수밖에 없었지요. 열 한자식을 키워내는 부모의 역할이 너무나 힘겨웠겠지요. 그러니 큰엄마는 똑 같이 징그러울 수밖에 없는 제가 눈에 비치기라도 하면 손사래부터 나왔을 거구요.

"야야 저리가라. 저리가, 귀찮다 저리가라."

큰엄마는 절 보면 마당에 곡식 쪼는 참새 쫒듯 훠훠 손을 내저었어요. 그러니 전 늘 큰엄마가 어디 있나 눈치를 살펴야 했고 없는 틈을 타 얼른 들어가 신발을 벽장 속에 감추고 들어가야 했지요. 벽장까지 들어가는 시간은 채 1분도 걸리지 않았어요. 일단 벽장 안에 들어가면 거기서부터는 편안하게 지낼 수가 있었지요. 누구의 방해도 받지 않고 읽고 싶은 만화책이나 어른들이 보는 야한 소설책도 볼 수 있었고 정통 소설도 읽을 수 있었지요. 가끔은 오빠와 올케언니가 주고받은 편지도 읽을 수 있었고 더 운이 좋으면 언니가 오빠에게 보낸 일기가 녹음된 녹음테이프도 들을 수 있었어요. 큰엄마를 속이고 벽장에 들어가는 일은 식은 죽 먹기였지만 한 번 들키면 꼭 잔소리를 들어야 했어요. 가끔은 생쥐처럼 눈치를 보며 들어간 저를 큰엄마가 봤다 치더라도 그것마저도 귀찮아서 신경을 쓰지 않는 경우도 있었어요. 그냥 닭 쫒던 개 지붕 쳐다보듯 했으니까요. 이미 저는 큰엄마의 목표물에서 벗어나 있었고 큰엄마는 또 다른 일거리가 산더미처럼 쌓여 있었으니까. 저를 목표로 어쩌고 저쩌고 할 시간이 없었던 거죠. 늘 배가 부른? 몸으로 지냈기 때문에 피곤하기도 했을테구요. 큰엄마는 금세 배가 불러오고 열심히 애를 낳았지요. 할머니는 그런 큰엄마가 낳은 애들을 열심히 받아냈고요. 할머니는 아이를 받아내면서 이 말은 꼭 빠트리지 않았어요.

'아이고 아짐찮다. 딸이면 어떻고 아들이면 어떻냐 많이만 낳아라, 고 했어요.' 그런 할머니의 기도 덕분으로 큰아빠는 척척 씨?를 잘도 뿌렸고 큰엄마는 그 씨를 일궈 밭을 가꾸었지요. 그렇게 2년마다 수확을 했는데 늘 종자로 쓸 수 있는 아들은 아니었어요. 그렇지만 또 열심히 씨를 뿌리고 밭을 일구웠지요.

저는 큰엄마의 잔소리에도 불구하고 그해 겨울 오빠의 방에서 내 영혼의 외로움을 그렇게 달래고 있었어요. 영혼이 외로워 벽장에 갇혀 지낼 때 추운 겨울 삭풍은 몰아치고 가끔 할머니가 나타나 괴춤에 넣은 것을 내게 꺼내 놓으며 먹으라고 하였어요. 할머니가 꺼내놓은 것은 찐 고구마나 구운 감자 김에 돌돌 만 밥이었습니다. 그렇게 할머니가 넣어준 음식을 먹으며 그 겨울을 벽장에서 지냈어요.

바다에서 불어오는 겨울바람은 매웠고, 파도소리는 귀전에서 절렁거렸어요. 해안을 따라 심어진 소나무는 싱싱했고 맵찬 바닷바람으로부터 마을을 지켜주었어요. 아름드리 소나무는 방풍림 역할을 톡톡히 해내고 있었습니다. 가끔 귀 기울여보면 해풍 속에 묻혀 들려오는 겨울 삭풍의 속삭임도 들을 수 있었어요. 소나무 잎에 걸러진 바람 자락이 국수가락 뽑히듯 뽑혀 마을로 들어왔고 저는 들려오는 바람 속에 뭍의 소식이라도 들려오나 싶어 귀를 쫑긋 세우기도 하면서 가을에 오빠와 약혼한 올케가 기타를 치며 부르던 패티 김의 '이별'이라는 노래를 혼자서 불러보기도 하였어요.

산을 넘고 멀리멀리 헤어졌어도/ 바다 건너 구만리 떨어졌어만/ 어쩌다 생각이 나겠지 냉정한 사람이지만 그렇게 사랑했던/ 기억을 잊을 수는 없을 거야.

딩거렁거리며 들려오는 올케언니의 기타소리가 참 듣기 좋았어요.

가슴이 뜨거워질 때마다 전 일자로 지어진 일본식 건물의 학교를 향해 거의 곤두박질치다시피 비탈길을 달려가곤 하였어요. 그러다 보면 학교를 지나쳐 벌써 해송 숲에 서 있는 저를 발견하곤 했지요. 해안 도로 옆 해송 숲에 서 있으면 바람 소리에 섞여 가끔 페달을 밟고 지나가는 내 첫사랑 남자아이를 볼 수도 있었지요.

계란 밥

아늑한 벽장 속에서 책을 한창 읽어가다 횃댓보를 들추면 써있던 '엄마 난 너무 가난했오.' 라는 글귀를 물끄러미 바라보곤 했는데 그 글씨가 너무 슬퍼 마음이 짠해지곤 했어요. 글씨가 슬펐다기보다는 또박또박 격문처럼 글씨를 새겨가는 오빠의 손이 얼마나 추웠을까? 생각하면 마음부터 아파왔어요. 엄마! 난 너무 가난했오. '엄마'의 '엄'자와 '했오'의 동그라미가 너무 똥그래서 어떻게 저렇게 글씨를 예쁘게 잘 썼을까? 그런 생각을 하다가 다시 엎드려 책을 읽었지요.

전 그해 겨울 내내 오지 않는 오빠를 기다리며 벽의 글귀를 바라보며 상념에 젖는 일이 많아졌어요. 유성매직으로 또렷하게 써진 그 글귀는 늘 행복해 보이던 오빠의 겉모습과는 달리 오빠의 힘든 구석을 한 자락 발견한 것 같아 마음이 울적해지곤 했어요. 오빠는 하나도 가난하지도 불행해 보이지도 않은 것 같은데 뭐가 가난하다는 것일까? 맨 끝에 '!'로 표시된 느낌표도 묘하게 가슴에 와 꽂혔어요. 오빠의 가난은 무엇일까? 아마도 뭍에

나가 있으면서 느낀 문명과 대비되는 무지렁이 아버지와 집안의 가난이 오빠의 어깨를 짓눌렀는지도 모릅니다. 딸이 많아서인가 그래서 가난한 딸들이 나눠 가져야 할 좋은 조건?을 혼자 다 가졌으면서도 무엇이 가난하다는 걸까? 큰집에서 유일하게 뭍에서 공부를 하였던 오빠였잖은가.

언젠가 방학이 되어 오빠가 우리 집에 왔어요. 오빠는 좁은 방 부신방* 에 잠깐 누워 있는가 싶더니 벌떡 일어나 저를 보더니 묻는 것이었어요.

"야야, 느네 계란 어디다 두니?."

"계란?"

집에서 키우던 닭이 횃대에 올라 똬리에 알을 낳으면 늘 광 쌀독 옆 바구니에 차곡차곡 쌓아 두었다가 가끔 엄마가 라면 끓일 때 넣어주기도 했고 쪄주기도 했던 계란이었어요.

"왜?"

"긍게 어딨냐고."

"광에 있을 건디."

"……"

오빠는 가타부타 말도 없이 일어나더니 광으로 갔어요. 달그락소리를 내며 뒤지더니 정말 계란 두 개를 꺼내 왔어요. 저는 조마조마하는 마음에 엄마가 알면 혼낼 텐데 싶었지만 오빠니까 뭐라고 말은 못했고 서 있는 제 앞에서 계란 두개를 양쪽에 조그맣게 구멍을 뚫더니 고개를 들고 입을 벌려 호르륵 마셔버리는 것이었어요. 그 모습을 하냥 바라보고 있노라니 나머지 하나마저도 고개를 들고 입을 벌려 호르륵 마셔버렸습니다. 마지막으로 입

---

* 아랫목의 전라도 사투리

맛을 다시는 오빠의 입만 바라보다가 저는 그만 침을 꿀꺽 삼키고 말았지요.

그런데 오빠는 그 달걀을 가지고 부엌으로 가더니 아궁이에 불을 지폈어요. 빨간 불꽃이 일고 마른 솔잎이 화르륵 화르륵 몇 번인가 고실라지고 오빠는 광에 가서 쌀독의 쌀을 퍼와 씻더니 계란 껍데기를 조금 더 까 계란에 밥을 안쳤어요. 그러더니 아직 불길이 가시지 않은 아궁이 솔잎가리에 계란을 얌전히 놓았어요. 얼마나 시간이 지났을까요? 계란 껍질 속의 쌀이 보글보글 끓어 넘치더니 노릿노릿 맛있는 밥이 되었어요. 오빠는 그 계란 밥을 들고 조심조심 껍질을 까면서 한입한입 베어 먹었어요. 물끄러미 바라보며 입맛을 다시는 제게는 한 번도 차례가 돌아오지 않았지요. 끝까지 남은 두개의 밥까지도 다 먹어버렸어요. 전 오빠의 입으로 들어가는 신기한 계란밥을 맥없이 바라보기만 하였어요. 마지막 오빠의 목구멍을 통해 내려가는 밥알 소리가 꿀꺽, 들리는 듯 하였어요.

저는 가끔 그때 한창 유행했을 꽉 낀 청바지를 입고 아이들이 다니던 그 언덕 구절초꽃길을 지나 일본식 교사로 출근하던 오빠의 엉덩이를 생각하곤 했어요. 아이들 속에 섞여 실룩거리던 오빠의 엉덩이, 오빠는 우리가 다니던 초등학교로 발령을 받아왔어요. 아마도 섬이라서 빨리 발령이 났던 것 같은데 하필 동생들이 주르르르 다니던 우리학교에 와서 직장생활을 하게 된 것입니다.

지금도 가끔 그때 청순하고 순수하던 오빠와 중년도 지나 황혼을 바라보는, 큰아버지를 닮아 일찍 머리가 세어버린 온통 하얀 머리의 오빠를 떠올리면서 넉넉하게 나온 배와 벌써 딸을 시집까지 보내버린 오빠를 떠올리면서 내게도 계란밥을 만들어내는 진짜 오빠가 있었더라면 얼마나 좋았을까? 하는 생각을 이 여름의 막바지에 고향 섬마을 바닷가에서 해봅니다.

동백나무 심은 뜻

아름다운 계절을 누리며 사는 것도 잊고 어영부영 시간이 흘러 고개들어 보니 하늘은 저만큼 높아져 있고 햇살 좋은 가을 하늘에 흰구름도 몇 점 보이고 전 그저 갑자기 쌀쌀해진 추위에 몸만 움츠려 듭니다.

어제는 조카들이 놀러 와서 하루 종일 함께 놀았어요. 늘 애틋해하고 마음 아픈 조카들이요. 이제는 아주 멀리 떠날 모양이에요. 아빠 직장 따라 미국으로요. 한편으로 아주 가고 오지 못할 것이라면 그냥 그렇게 거기에 눌러 앉아 버렸으면 싶은 생각도 들더군요. 왜냐하면 이제 조카애들을 보면서 마음 아프고 싶지 않아서요. 그래도 이승에서의 인연으로 만난 엄마랑은 인사라도 해야 할 것 같아 아이들을 데리고 묘지로 가는 길은 마음이 쓸쓸하고 외롭더라구요. 마침 그 날이 동생의 결혼기념일이기도 하고 엄마의 묘에 데려다 주는 것 또한 남아 있는 어른들의 몫일 것 같아서요.

그런데 바람은 왜 그리 부는지 마치 예전에 바닷가 살 때 헛간 지붕 위 해장죽에 불던 바람 마냥 불어댔지요. 동생은 아플 때도 엄마 아부지 오는 것을 너무 싫어하더니 날은 춥고 찬바람은 왜 그리 부는지……. 엄마는 손수 만든 유자차를 들고 아버지는 동백나무 화분 한 그루를 사들고 와 계셨어요. 무슨 생각으로 동백나무를 사왔을까요? 날은 흐리고 먹구름이 허공을 휘휘 어지럽게 떠다니고 있는데 어쩌면 동생은 동백나무 한그루 들고 온 아버지가 싫었을지도 모르죠? 혼자 그런 생각을 해 봤어요. 부모 앞서 간 자신이 죄송하고 또 죄송했을 동생의 심정을 바람부는 날이 대변해 주고 있는 것 같아 국화꽃 다발을 옆에 꽂아두고 아이들에게 절을 시키고 유자차 한잔씩을 마시고 아버지는 가져온 삽으로 주변의 흙을 파더니 동백나무 한그루를 심었어요. 아버지는 동백나무를 좋아하는 것 같아요. 나중에 꼭 물어봐야겠어요 하지만 묻지 않아도 알 것 같아요. 따뜻한 남쪽 지방에서는 동백나무가 오랫동안 꽃봉오리를 달고 있었고 또한 겨울이 다 갈 무렵 소나무만 늘어서 있는 해안가에 동백꽃이 빨갛게 피어 있는 모습을 늘 봐 왔던 추억이 있었을 테고 그런 동백나무를 사랑하는 아버지 마음이겠지요. 그런데 궁금하긴 해요. 진짜 이유는 무엇이었을까? 동백은 남쪽에서 겨울에 오히려 잘 자라는 식물인데 아버지의 애틋한 마음이 담겨 있었을 거예요. 차가운 겨울에 죽은 자식이 빨간 동백꽃이라도 보고 있었으면 하는 아버지 마음을 보는 것 같아서 제 마음이 짠했어요. 내일 꼭 아버지께 물어봐야겠어요, 국화나 구절초나 망초 뭐 그런 꽃도 많은데 아버진 왜 동백나무를 심었냐고요. 생각하다보니 갑자기 그게 궁금해졌어요. 아버진 그 동백나무를 사면서 그 동백나무를 묻으려고 삽을 찾으면서 그 동백나무를 싣고 오면서 그 동백나무를 심으면서 만감이 교차했을 거예요. 그런 아버지 심정도 이해가 되고 따뜻한 차 한 잔을 마시면서 벌써 몇 년 사이에 훌쩍 커버린 조카애들을 보면서 이제 떠나면 다시만나게 되는 날은 훌쩍 커서 오겠거니 생각하니 마음도 묘해지고 초등학생이었던 아이들이 청년이 되어 돌아올 테고 그때는 어른들의 도움을 받지 않고도 혼자서도 찾아올 수 있겠지요.

할머니는 아이들한테 "엄마는 너희들을 무척이나 사랑했단다. 나중에라도 기쁜 일이 있으면 여기 와서 엄마한테 소식 전하고 슬픈 일이 있거들랑 엄마한테 와서 위로받고 가거라." 하면서 아이들에게 자꾸만 유자차를 따라 주었어요. 따라주다가 나중에는 감정이 북받치는지 그만 엄마의 울먹거리는 소리가 들렸어요. 소리죽여 눈물을 훔치는 가족들의 마음을 들여다보면서 저는 아직도 꿈꾸고 있었어요. 왜 죽은 자가 살아나는 기적은 일어나지 않는가고. 그날도 하나님은 원망스러운 존재였지요. 사람의 힘으로 안 되는 일을 하나님은 하신다고 하였으니 그것도 다 헛말이라는 생각이 들고.

조카애들과 엄마 아버지를 그렇게 돌려보내고 내려오는 길이 왜 그리 추운지 바람은 앙상한 나뭇가지를 흔들고, 진천쯤 오는데 하늘에 눈을 가득 담은 구름이 휘휘 떠다니는데 결국 진눈깨비로 변하더니 차창에 눈발로 떨어지기 시작했어요.

동생의 결혼기념일에 눈발이 날렸는데…… 혼자 속으로 뇌이면서 쓸쓸한 마음이 되었어요. 하나님은 가끔 졸기도 하고 저는 그런 하나님을 지금까지도 원망하고 엄마는 더 나이가 들어가면서 한없이 너그러워지고 착해지고 아버지는 가슴이 아프다며 오징어를 씹으면서 겨울을 날거예요. 조카들은 아빠 따라 미국 가서 한 5년 정도 살고 오면 어엿한 청년과 숙녀가 되어있겠지요. 저는 다만 그때까지만이라도 세상에 대해 너그러워지고 이대로 곱게 나이 들어가길 바라고 엄마 아버지는 몇 번인가 죽은 딸의 산소를 더 다녀갈 것이고 그때가 잔설이 남은 겨울이 아니기를 바라고 꽃피는 봄이거나 화창한 가을이었으면 좋겠고 지금만큼만 잘 살고 있는 가족을 만날 수 있었으면 좋겠어요. 그게 향후 우리가족의 모습이었으면 좋겠어요.

부추김치에 세밑 안부를 묻다

벌써 세밑이 되었네요. 안부를 전하는 것도 깜빡 잊을 정도로 시간은 나를 이만큼 던져두고 달려갑니다. 세월이 참 야속합니다. 옛 직장 동료였던 친구 최를 만나러 가는 길입니다. 해마다 이맘때가 되면 만나는 친구입니다. 그러니까 일년에 한번 정도 만나 회포를 푸는 친구라고 할 수 있죠. 기차를 타고 가면서 직장 동료였던 최를 떠올리니 자연스레 부추김치도 머릿속에서 따라 나왔습니다. 그녀는 17년 전 직장생활을 하면서 알게 되었는데 체구는 작았지만 강단이 있었고 한 팀의 리더 역할도 거뜬히 해냈던 친구였습니다.

오랜만에 만난 그녀로부터 부추 이야기를 들었던 것은 12월 31일 새해 일출도 볼 겸 송년회도 할 겸 찾아간 동해의 어느 횟집 2층에서였습니다. 어떻게 지냈냐는 몇 마디가 오가고 나서 술을 시켰는데 뜻밖에도 안주로 부추김치가 나왔습니다. 별일이다 싶게 우리는 그 부추김치를 신기해했고 그녀는 부추김치를 가만 들여다보았습니다.

"왜?"

무슨 생각이라도 끌어 올린 듯한 그녀의 표정을 보면서 내가 물었습니다.

"그러게…… 나는 부추김치만 보면 옛날 생각이 나."

"부추? 부추에 얽힌 사연이라도 있는 거야?"

"있다 마다 슬픈 추억이 하나 있지."

그녀는 담배 한 대를 꺼내 물더니 한꺼번에 연기를 쑥 뿜어냈습니다.

내가 중학교 1학년 때 울 엄마가 안 돌아갔나. 아버지도 없이 남동생과 학교를 다닐라카니 그냥 카악 기가 막히더라. 늘 배고프고 춥고 학교 갔다 와서 남동생과 먹을 밥상을 채리는 기 너무 힘이 들었다. 와 마 돈도 없고 그렇다고 삼촌한테 의지하기는 눈치 보이고 내 차암, 그날은 말이다. 남동생과 근 일년을 살면서 힘들고 어려운 일도 많았지만 낸 정말 눈물 한 방울 흘리지 않았데이.

그런데 신학기가 시작 되고 한참 지난 오월 어버이 날이었을끼다. 중학생이니까 어버이 날이라고 해도 특별히 기념하여 챙기지는 않았지만 그 거이 또 이상한 기 엄마가 있으면서 안 챙기는 거하고 없으면서 안 챙기는 거하고는 천지차이아이가. 마음도 착잡한데 마당가 채마밭에 푸르디푸르게 자라있는 부추가 얼마나 싱싱해 뵈던지 별 찬거리도 없고 해서 부엌에서 양재기와 칼을 가지고 나와 부추를 뜯어내 고춧가루에 무쳐 김치랍시고 만들었다. 그런데 낸 그때까지도 한번도 김치를 담가 본 적이 없었다. 그러이 김치가 오죽했겠나. 엄마가 살아있을 때 언젠가 보았던 그대로 그냥 담가 본기라. 그래마 처음 만든 부추김치를 덜렁 하나 놓고 밥상을 차렸는데 자꾸만 부추가 살아서 양재기 바깥으로 기어 나와 내 도로 밭으로 갈란다. 밭으로 갈란다. 날 놔 도고. 하는 기라. 밥상머리에 앉아 있는 동생은 소갈머리 없이 누부야 반찬이 이기 뭐꼬, 우리 집에는 고기 없나? 하는기라. 살아 있는 부추김치도 미운데 투정을 부리는 동생이 더 미운기라. 화가 나기도 하고 어이없기도 하고 엄마 생각도 나고 욱, 하는 마음에 그냥 동생 빰을 한대 갈기면서 뭐야 이 자식 너 지금 이 누부야가 한번도 안 해본 김치를 만든 건데 그런 소리가 나오나. 때려 놓고 내 설움에 겨워 펑펑 울다가 나중에는 둘이 붙들고 왕왕 울었대이.

그녀는 부추김치 이야기를 그렇게 내게 들려주었고 다시 만나자는 약속을 한 채 또 몇 년의 세월이 흘렀습니다.

그리고 오늘은 그녀를 또 만나는 날입니다. 코피를 쏟으며 어렵게 대학을 다녔던 그녀의 어려움을 알고 있는 저로서는 어려움을 극복해 가는 그녀의 삶을 보면서 경건함을 느끼지 않을 수 없었습니다. 가끔 세상을 살다 보면 나보다 더 젊거나 어린데 벌써 철이 들어 치열하게 세상을 살아가는 사람들을 만나게 되는데 전 그들 앞에서 늘 오그라질 수밖에 없습니다.

그녀를 기다리고 있는데 길 건너편 지하도에서 나오는 그녀의 모습이 보입니다. 잔뜩 웅크리고 걸어오는 그녀의 모습에 고단한 삶의 여정이 엿보이는데 난 그게 그냥 그녀다워 반갑습니다. 그녀를 곧 만나게 되겠군요.

삶이 그대를 속일지라도

진주를 다녀와서 당신에게 보낸 편지

〈삶의 한 가운데서〉

소중한 하루가 또 지나가네요. 경황없이 맞은 당신과의 만남 그리고 뜻밖의 소식을 접하고 당황스러웠는데…… 돌아오면서 가만 생각해보니 삶이란 왜 이런 것일까? 쓸쓸한 생각이 들더군요. 건강할 때 먼저 찾아볼 걸, 간다간다 하고서 아이 셋 낳고 간다더니, 정말 3년이 지나갔어요. 그동안 일상이 바빠 그리운 사람들도 만나지 못하고 지냈네요. 이런 저런 일들이 아주 많았는데, 당신은 열심히 손주들 크는 재미에 푹 빠져 손주들과 즐겁게 지내는 줄만 알았어요. 저는 큰 일 겪고 차츰 안정되어 가고 있는 가족들에 안심을 하고 있는 중이었어요. 우리 큰애는 작년 12월 초에 자퇴를 하고 미술공부 한다고 열심히 학원을 다니고 주말이면 열심히 기차여행도 다니면서 또 나름 바쁘고 작은애는 부끄러운? 치질 수술을 하고서도 시원

한 성격대로 선생님들한테 자기 수술했으니 좀 봐달라고 시원하게 얘기하고 다닙니다. 키도 더 크고 잘 자라 엄마에게 효도하고, 우리 남편은 열심히 산에 다니면서 체력보강을 하지만 살은 더 찌고 배는 남산만큼 나오고, 우리 아버지는 동생 잃고 피우던 담배와 술도 몇 달 전부터 끊었답니다. 아마도 끊은 이유는 당신의 건강 때문이지만 원래 폐기흉이 있었고 밥도 안 드시고 하여 체력도 약해지셔서 생수 한말 드는 것을 우습게 알았던 아버지였는데 이제는 물 한 통도 들지 못하도록 쇠약해지셨답니다. 그러니 술 담배를 끊을 수밖에 없는 상황이 된 거죠. 그래도 살아 있음에 감사합니다.

진주 가서야 당신 소식 듣고 참 마음이 아팠어요. 왜 착한 사람들에게 병이 드는 걸까? 그래도 다행한 것은 그냥, 그 병 긍정하고 삶과 죽음이 같이 있는 것 아니겠는가 하면서 의연하게 치료하시는 모습 보기 좋았어요. 혹시나 목숨이 짧아졌다 치더라도 안달복달 할 것 없이 평소 행하던 대로 하면 틀림없이 건강해지실 거예요.

법정 스님의 책은 다 읽은 대로 바로바로 보내드릴게요. 힘드시겠지만 잘 견뎌내세요. 당신을 응원 할게요. 잘 쉬고 하고 싶은 대로 하고 지내세요. 체력이 허락하는 한도내에서요.

밥 잘 드시고요. 정말 가리지 마시고 웬만한 거 다 드시고, 꼭 가리지 말고 드시고 싶은 것 그냥 드시고 체력을 보강하세요. 그럼 대전에서도 응원하는 제가 있다는 사실 잊지 마시고.

힘내시고 꼭 꽃피는 봄날에 뵐 수 있기를 바랄게요.

하루 하루가 더욱 소중하게 느껴지실 당신, 파이팅입니다.

당신이 보내온 편지

〈내일 당장 이 지구에 종말이 온다고 해도〉

아직도 그날의 설렘 속에 있는 것 같아요. 만남은 즐겁고 또 아쉽고 그래도 언젠가는 다시 만날 것이라는 희망이 아련한 미소를 피어올리게 하고, 아! 그래서 나는 지금 행복하구나. 평소에 지하 서재가 춥다는 생각에 잘 내려오지 않기 때문에 오늘에야 내려와서 메일을 열어보니 세 통이나 와 있네요. 우리가 만났던 그날이 내 결혼기념일이라고 큰딸이 메일을 보내오고 손녀가 보내오고, 또 그대가 보내오고. 그래요. 우리는 멀리서라도 가까이처럼 서로를 느끼고 사랑하고 그래서 산다는 게 즐겁고 그런가 봐요.

처음 내 병명을 알고, 의사로부터 자세한 설명을 들었을 적에 나는 의연한 내 자신에 놀랐을 만큼 담담했어요. 젊었을 적에 겁나던 죽음이 이제는 언제라도 갈 수 있다는, 나이가 가르쳐 주는 것이라 할까요? 그리고 이미 내가 설사를 하고 증세가 있은 지가 거의 열 달이나 되었으니 말기일 텐데 의사를 떠나서 내 부모라면 어떻게 하겠느냐? 차라리 항암치료로 내 정상세포까지 다 망가뜨리기 전에 한방치료로 가는 게 어떻겠느냐고 의사에게 진지하게 물었어요. 내가 병원에 입원하면 본다고 도서관에 책 빌리러 갔다가 우연히 신간이 나와 있는 쪽에 갔더니 경희대학병원의 한방과에 있는 분이 쓴 -000의 고치는 암-이라는 책이 있기에 빌려와서 읽었어요. 말기암을 주로 치료하는 분이었는데 항암치료를 1,2차정도 받은 환자들은 거의 생존율을 몇 년 정도로 높인다는 책이었어요. 그 책을 의사 앞에 내 놓았어요. 내 딸과 같은 동기요 친하게 지낸다고 했어요. 그러면서 자기도 그 책을 읽었는데 절대로 한방쪽으로 보내지 않겠다고 했어요. 그래서 나는 의사보고 그랬어요.

“유능한 선장은 폭풍우를 만나면 억지로 폭풍우에 저항하려 하지 않는다. 그렇다고 배가 뒤집히도록 그대로 두지도 않는다. 나는 내 몸의 선장이요. 의사는 모든 환자의 선장이다. 어떤 최악의 경우에도 나는 당당할 것이며 의사를 믿고 최선을 다하겠다고 약속했어요.”

모든 걸 내려놓고 덤으로 사는 인생, 갈 때까지 즐겁게, 이것이 내 생각이에요. 그래서 항상 항암치료를 하려고 입원할 때도 1인실을 썼어요. 멸균실이라고 아무도 면회를 할 수 없다고 일절 면회도 받지 않고, 음악을 크게 틀어놓고 듣는다든가 책을 죽창 본다든가 방안에서 왔다갔다 운동을 한다든가 잠이 안 오면 명상을 한다든가 하여튼 내가 환자라는 걸 느끼지 않을 정도로 몰입하며 지냈어요. 이제 30일이면 예정대로인 6차 마지막 항암치료를 받으러 가요. 원래는 26일이었는데 이번에는 힘들다고 의사가 늦췄어요. 이번에도 용감하게 잘 받고 올게요. 나를 응원해주는 그대가 있어서 행복해요.

***

수목원 숲해설가 근로 계약이 만료되어 일을 그만두고 휴식을 하고 있던 차에 늘 같이 정답게? 지내던 지인들과 오랜만에 만나 비싼? 저녁 커피를 제대로 된 카페에서 마시면서 호사를 누리고 있는데 누군가 그랬어요, 우리 진주 가자, 그럴까?로 시작된 말이 꼬리를 이어 야심한 밤에 진주에 전화를 걸어 내일 진주 간다고, 통보하고 떠난 진주행 여행은 아주 즐거웠어요. 우린 아주 꿈이 야무졌으니까요. 남강도 걷고 노래도 부르고 시도 읊으면서 당신의 시낭송도 듣는다고 시 몇 편을 골라 가지고 가기까지 했으니까, 하지만 그렇게 야무진 우리의 꿈도 당신의 예쁜 집에 도착해 당신을 보는 순간 다 날아가고 말았지요. 그 야무진 꿈이 날아간 것이 서운한 게 아니라 당신의 병약한 모습을 보고, 간다고 한 날까지 아무말도 안 하시고 그저 오라고만, 오라고만, 한 당신의 그리움을 우리가 미처 깨닫지 못했다는 그 미안함에 얼마나 마음이 아팠는지. 우리의 꿈은 날아갔지만 병 앞에서 우리가 어떻게 대처해야 될까 인간이라는 숲속에서 삶과 죽음에 대해서 생각해 보는 시간이 되었으면 하는 의미에서 이 글을 띄웁니다.

머물러 있는 청춘인줄 알았는데

엄마는 조카들과 놀다가 언제 잠이 들었는지 거실 한 쪽에서 시름없이 곤한 잠에 빠져 코까지 골면서 주무시고 아버지는 소파에 역시나 등을 구부리고 작게 오그라진 모습으로 낮잠을 주무십니다. 전 오랜만에 친정집에 갔다가 동생이 들여다보다 두고 간 사진첩에서 엄마 아버지의 흑백 결혼사진을 발견하고 문득 아득한 그리움처럼 우리엄마 아버지도 이렇게 젊은 때가 있었구나 싶어집니다. 애들은, 자식들은 그런 생각을 하죠. 엄마 아빠는 항상 그 나이로 엄마 아빠이고 할머니 할아버지는 항상 그 나이로 할머니 할아버지였던, 우리 정서에는 엄마 아빠, 할머니 할아버지의 전형이라는 틀이 있는 것 같아요. 엄마 아빠는 늘 그 나이, 실은 그 나이가 몇 살 정도인지 감이 안 가지만 그리고 할머니 할아버지는 또 늘 그 나이, 이 역시나 그 나이가 몇 살 즈음인지 확실히 감이 안 가지만, 자식들은 엄마 아빠의 어린 시절, 청년시절, 연애시절이 있었다는 것을 미처 생각하지 못하듯 늘 그 자리에 엄마아빠로서 있었던 기억처럼 제게도 부모님은 늘 그 자리에서 그 나이로 엄마 아빠였어요. 그런데 새삼스레 엄마 아버지의 흑백으로 찍힌 처녀시절 사진이며 결혼사진이며 가족사진을 들여다보면서 엄마 아빠의 젊은 모습에 제 가슴이 왠지 모르게 설레고 있는 것을 느꼈어요. 낯선 남자와 여자로 느껴지는 엄마 아버지의 모습이라니……. 우리엄마한테 이런 시절이? 눈이 크고 숱이 많아 풍성하게 느껴지는 갈래머리를 땋아 내린 엄마가 달리아라도 피어 있는 듯한 장독대 근처에서 동무와 다정하게 앉아 있는 모습과 훤칠한 키에 시원스럽게 생긴 아버지가 맥고모자에 양복을 입고 가족과 함께 찍은 사진과 군용트럭 옆에서 찍은 난닝구? 차림의 사진을 들여다보니 가슴이 뭉클했어요. 엄마 아버지는 늙지 않고 그 자리에 늘 엄마 아버지로 남을 것 같았는데 내게 있어서 할머니는 늘 할머니였듯.

어느 날 문득 거울을 들여다보다 눈 밑에 칙칙하게 내려앉은 기미와 잡티에 언제 이런 것들이 올라왔지 싶어 놀라고 책을 보고 있는데 자꾸만 눈앞에서 뭔가가 아른거리고 책에 쓰인 글씨가 선명하지 않고 흐릿하게 보이는데 나중에 그게 노안이라는 것을 알고 놀라고 그러고 나니 또 언제부터인가 한 가닥 무명실처럼 솟은 흰머리카락을 보고 웬 새치가 이렇게 나왔지? 하고 한 올을 뽑아냈는데 몇 번인가 뽑아내도 다시 또 그 자리에 그 모양으로 생기는 흰머리칼이 새치가 아니라 나이 들어가면서 생기는 흰머리라는 것을 알고 아니, 벌써? 아닌데, 이건 아닌데… 덜컥 겁이났던 기억들이 떠오릅니다. 앞으로 얼마나 더 놀랄 일이 있을지, 저는 그런 것과는 아주 멀리 있는 사람인 줄 알았어요. 이렇게 젊은데 이렇게 잘 보이는데 이렇게 잘 들리는데 이렇게 탐스러운 머리칼을 가지고 있는데 이렇게 꼿꼿한데 이렇게 까딱없이 잘 씹는데……

하지만 세월을 붙잡진 못하더란 말 실감하고 있어요. 당신이 말했던 것처럼 세월 막을 장사 없다고요. 늘 머물러 있을 것처럼 생각되지만 우리는 늙고 병들고 그렇게 젊음과는 멀어져가죠. 그리고 언젠가는 그렇게 세월 따라 흘러가서 죽게 되겠지요. 사랑도 머물러 있을 것 같지만 그렇지 않고 청춘도 머물러 있을 것 같지만 그렇지 않고 우리의 젊음도 머물러 있을 것 같지만 그렇지 않고 육신은 늙고 병들고 낡아서 늙은이 소리나 듣고 퇴직하고 나서는 지금의 우리 엄마 아버지처럼 집에서 애보는 늙은이, 집 보는 늙은이로 전락?을 할 것이고 참 슬프죠? 머물러 있는 청춘인 줄 알았는데? 언제나 싱싱한 젊음을 간직 할 줄 알지만 그렇지도 않고, 늘 기름진 목소리를 가지고 있을 것 같지만 그것 또한 그렇지 않고 변해가네요.

엄마의 탐스럽던 머리칼은 귀밑머리부터 하얗게 세었고 몇 번인가 엄마, 엄마,를 불러도 알아듣지 못하고 누가 불렀소? 하는 듯 모르쇠로 일관하고, 소리를 지르듯 불러야 그때서야 불렀냐 하듯 고개를 돌리는 엄마를 볼 때마다 울엄마도 이제 다 다되었네. 싶은데 엄마는 가끔 그래요. 야, 몸이 늙었다고 맘까지 늙는 줄 아니? 마음은 항상 청춘이란다. 할 때마다 쓸쓸한 생각이 듭니다. 그래요. 몸은 비록 늙더라도 처녀 적에 못다 이룬 꿈도 꿔보고 마음이라도 젊게 살아야죠. 아주 그냥 싱싱하게 살아야죠. 몸은 비록 늙었어도. 엄마는 아직 꿈을 꿀 나이죠. 생생하게 살아 있는 꿈을. 허리가 꼬부라져? 자꾸만 앞으로 고꾸라질 것 만 같은 우리 엄마가 아직도 마음만은 청춘이랍니다. 머리가 하얗게 센 우리 엄마가.

매화꽃이 된 고양이

어릴 적 우리 집 굴뚝 옆에는 이즈음 옥매화가 예쁘게 피어났어요. 아직 추위가 가시지 않은 쌀쌀한 날 부엌 부뚜막에 살던 검은 고양이는 굴뚝 옆을 살금살금 걸어 다니곤 했는데 어느 추운 겨울날 그 고양이가 죽었어요. 애드가알렌포우의 소설 속에 나오는 그런 비극적인 고양이라기보다는 아주 예쁘게 살다간 고양인데 어쩌면 이건 제 생각일 테고 다른 사람들의 생각에 비극적으로 살다갔다고 생각될지도 모르겠네요. 오늘 할 얘기는 우리가족에게는 묘한 추억을 남기고 간 두 마리의 검은고양이에 관한 이야기인데요.

매화꽃이 한창 피고 있던 겨울 끝자락이었어요. 우리 집 고양이가 죽은 것은. 아니 죽었다기보다는 그해 겨울 가장 무섭게 들이닥쳤다는 한파를 견디지 못하고 아궁이 속으로 사라진 것은 엄마가 아침밥을 하느라 땐 솔가지 불에 굴뚝 옆에 피어오른 매화꽃 마냥 그냥 하늘하늘 하늘로 올라가 버렸어요. 누군가 이 이야기를 듣는다면 무슨 소설 쓰냐, 동화 쓰냐 하겠지만 정말 검은 고양이 두 마리는 그해 겨울이 다갈 무렵 그렇게 하늘로 혼비백산(魂飛魄散)해버렸어요. 우리가 그 사실을 알게 되기까지는 채 일주일도 걸리지 않았지요. 아궁이 재를 퍼내면서 똑같이 생긴 작은 뼈 조각들을 찾아냈기 때문에 고양이가 아궁이 속으로 들어가 버렸다고 생각했어요. 저는 마음이 아파서 펑펑 울고 동생은 정말 고양이 뼈가 맞아? 라고 반문을 했습니다. 그날 이후 부엌으로 물 떠 먹으로 갈 때마다 부뚜막에서 잠을 자거나 웅크리고 있거나 누가 오나 실눈을 뜨고 있거나 하던 고양이는 정말로 흔적도 없이 사라지고 말았습니다. 마치 그 고양이가 우리 집 부뚜막 근처에 살았던가 싶은 생각이 들 정도로 흔적도 없이 사라져 버리고 말았어요. 저는 가끔 지금도 그 검은 고양이 두 마리를 생각하곤 하는데 그들이 봄날 마루 밑에서 서로에게 구애를 하며 울부짖던 사랑의 소리도 들었고 그들을 놀려주려고 캄캄한 그믐밤에 마루 밑에 신짝을 던져 사랑을 방해하기도 했어요.

어느 봄밤 암내를 풍기며 가르릉거리던 그 소리가 너무 듣기 싫어 엄마의 흰 고무신을 던지려다 화들짝 놀라 뒤로 자빠질뻔? 하였는데 푸른빛인지 초록빛인지 레이저 빔을 쏘듯 한 줄기의 빛을 제 눈에 되쏘았는데 저는 정말 그때 오래전에 어느 절에서 스님과 눈을 마주쳤을 때 나는 그런 신비스런 빛이 쏘이는 경험을 하게 되었는데 인간과 동물의 눈에서 뿜어져 나온 찌릿찌릿한 그 빛은 30여 년이 지난 지금도 제 뇌 속에 레이저 광선처럼 선명하게 남아 있습니다.

인간도 가끔 소설이나 동화 같은 삶을 살기도 하지만 저런 동물도 가끔은 그렇게 소설이나 동화 같은 삶을 살다 가기도 하는 것 같습니다. 우리

인간보다도 더 극적으로 말이죠.

저는 그 후로도 늘 고양이가 죽었다고 생각하지 않았어요. 그 고양이는 너무 추운 나머지 추위를 견지지 못하고 이 지상은 너무 추워, 차라리 하늘나라에서 살자 하고 공간 이동을 해버린 것이라고 생각했어요. 그 통로가 우연하게도 그 굴뚝이 되었던 것이겠지요. 그 굴뚝 옆에 아직 어린 옥매화나무가 다 지나가는 겨울 추위를 견디고 있고 가녀린 나무에서 탐스럽게 피어올린 매화꽃을 볼 때마다 저건 고양이가 죽어 핀 꽃이지, 이 지상 어디에서나 피어나는 매화꽃은 아니다 라고 생각했어요.

무지 추운 겨울날이면 너무 가난하여 생활고에 시달린 어떤 가장이 자신의 아내를 무담시 두들겨 팼습니다. 그 가장은 자신의 무능력을 아내를 패는 것으로 대신했을지도 모르지만 그렇게 추운 겨울, 쌀도 떨어지고 땔감도, 가스도 떨어지고 전기도 끊기고 수도도 끊기고 먹을 것도 없이 라면으로 몇 끼를 때운 아이들이 있는 집을 생각하게 되었습니다. 말라비틀어진 라면 몇 조각이 양은 냄비에 지겨운 가난처럼 몇 가닥 걸려 있고 엄마는 돈 벌러 간다고 집 나간 지 언제인지 모르고 가장은 그런 아내를 찾으러 간다고 떠나고 없습니다. 어미 아비가 없는 집을 지키는 두 남매는 때 묻은 이불을 뒤집어쓰고 학교도 안 가고 어질러진 집안에 흐트러진 모습으로 엎어져 있습니다. 저는 저러다 저 아이들 죽으면 어떡하지? 그런 생각을 했던 것 같습니다. 굴뚝에서 피어오르는 연기를 보면 그래도 사람 사는 집의 푸근함이 느껴집니다. 저건 집이 아니라 가정이라고, 따뜻함이 느껴지는.

어릴 적 부엌 부뚜막에서 함께 살았던 검은 고양이를 생각하면 굴뚝의 연기가 피어오르고 그리고 굴뚝 옆의 옥매화가 내 기억 속에서 함께 달려

나온곤 합니다. 지금 이시대의 가난한 아이들을 뉴스를 통해 보면서 인간의 삶에 대해 회의를 했던 기억 너머 수도가 끊겨 동네 약수터에서 발을 동동구르며 물을 뜨는 아이들을 생각해보곤 합니다.

이튿날 아침 우리는 간밤에 눈이 펑펑 와 온 들판이 하얗게 덮인 날 고양이 뼈를 보자기에 싸가지고 무, 배추를 심던 밭으로 갔습니다. 아버지는 삽자루를 어깨에 메고 저는 고양이 뼈를 싼 보자기를 손에 들고 동생은 내 뒤를 줄래줄래 따르며 눈이 하얗게 덮인 밭고랑을 따라 걸어갔습니다. 입에서는 하얀 김이 연기처럼 뿜어져 나오고 아버지는 언 땅을 펵펵 파서 고양이를 묻었어요. "고양이들아 하늘나라 가서 잘 살어라." 그 말을 뇌이며 우리는 또 삽자루를 맨 아버지 뒤를 줄래줄래 따라 내려왔어요. 제가 어릴 때 겪은 어린 날의 동화입니다.

학교 갔다 돌아오면서 마을이 보이는 언덕배기에서 우리 집 굴뚝에서 하늘하늘 피어오르는 연기를 보면 그 연기가 꼭 검은 고양이 두 마리의 영혼이 하늘로 매화꽃처럼 하늘하늘 날아오르고 있는 것 같았어요.

그 봄에 찬란한 봄에

봄꽃 천지에요. 세상에 만상에 봄은 이리저리 흐드러지게 피어 흔들리고 휘날리고 피고지고를 하고 있어요. 비가 몇 차례 오고 나자 대지는 풀잎들을 꽃들을 나뭇잎들을 쑤욱 쑥 뽑아 올렸어요. 이 지구?는 지금 봄만합니다.

산다는 것이 봄꽃이 올라오듯 대지에 아름다운 꽃밥상을 차리는 것처럼 풍성하고 아름다워야 되는데 가끔은 찬란한 봄날에 아름답지 않은 일들이 생기기도 해요.

아주 오래 전, 30여년도 더 오래 전, 그러니까 쑥이 올라와서 먹음직스럽게 잎을 올리고 있던 어느 아름다운 봄날 오후 쑥떡을 먹은 수미의 볼이 미어지고 있을 때 드르륵 앞문이 열리고 배추머리 담임이 들어왔어요. 수업시간도 아닌데 웬일일까? 선생님은 교탁에 서신 것이 아니라 수미 책상 옆으로 다가왔어요.

"수미야. 빨리 집에 가봐라."

"……."

수미는 놀란 얼굴로 작은 눈을 동그랗게 뜨고 선생님을 빤히 쳐다봤어요. 왜요? 라고 묻고 싶었지만 입안에 방금 집어넣은 쑥떡이 있어 선생님 앞에서 씹을 수도 뱉을 수도 없었어요. 선생님이 수미야, 하고 불렀기 때문에 입에 있는 떡을 어떻게 해야 좋을지 몰랐어요. 선생님 앞에서 숙떡 먹은 것을 들키지 않겠다고 가운데 있는 떡을 왼쪽 볼 안으로 옮겼어요. 그러자 수미 볼은 더 도드라져 볼에 사탕 하나 문 것보다 더 크게 티가 났어요. 선생님은 아랑곳없이,

"수미야 집에 뭔 일 있는 갑다. 얼른 책가방 싸가지고 집에 가봐라."

"……."

수미는 표정으로만 네, 라고 대답하고 있었어요. 그리고 입안이 더 편안하다면 뭔 일인디요? 하고 묻고도 싶었겠지만 선생님 앞에서 그만 울상이 되어 고개만 주억거릴 뿐이었어요. 선생님이 돌아서자 입안에 있는 떡을 우물우물 마저 씹어 삼키고서는 주섬주섬 가방을 챙긴 수미가 교실 문을 열고 운동장 가를 지나 교문을 빠져나갔어요.

하루가 가고 이틀이 가고 사흘, 나흘이 가도 수미는 학교에 돌아올 줄 몰랐고 수미 자리는 늘 비어있었지요.

일주일째 되는 날 무성한 소문 속에 고기잡이 간 수미의 아버지가 소섬 바닷가까지 떠내려가 시신으로 발견되었다는 소식이 전해졌어요. 수미는 그 날 이후로도 오랫동안 학교에 오지 않았어요. 바닷가 그 작은 마을에도 봄은 와서 산에는 진달래며 철쭉이며 벚꽃들이 피고 해변에는 해당화며, 패랭이, 갯취, 멧꽃들이 해변가 모래밭을 메우고 있는데 수미는 돌아오지

않는 거예요.

수미의 엄마와 아버지 오빠가 배를 타고 추자도 근처로 문어 잡이를 나간 것은 2,3일 전이었어요. 배에 물이 드는 줄도 모르고 밤을 지내다 배가 침몰한 거예요. 젊은 오빠는 어찌어찌해서 헤엄을 쳐 빠져나올 수 있었지만 나이든 부모님은 빠져나오지를 못하고 그만 갇히게 된 거죠.

부모가 가장 처참하게 죽어도 세상은 아랑곳없이 해가 떴고, 별이 떴고 바닷가에는 밀물이 지고 썰물이 지고 무심하게 흘러갔어요.

수미가 학교에 돌아 온 것은 교문을 빠져나간 뒤 보름 쯤 지난 뒤였는데 저는 수미를 볼 때마다 괜히 불쌍해 보였는데 아마도 그것은 어린 제 기분 때문이었는지도 몰라요. 그 후로 수미는 엄마 아빠를 잃고도 주변사람들의 도움으로 잘 견뎌내고 있었어요.

훗날 수미가 스무 살이 되고 서른 살이 되고 사십이 넘어갈 무렵 동창회에서 만났을 때 그때의 일을 되새기며 수미가 그래요. 학교를 가다보면 지나게 되는 월송리 소나무 밭에다 속이 풀리지 않고 마음 아플 때, 우리 엄마 아빠가 죽었다. 우리 엄마 아빠가 죽었다. 소나무야 소나무야. 하면서 외쳐댔대요. 그런대도 소나무는 무심한 국수가락 바람만 뽑아내고 있었다고 말하는 수미가 안쓰러워 같이 부둥켜안고 등 토닥이며 달래주던 기억이 나요. 아무도 내 편이 될 수 없는 현실에서 그 소나무 밭에서 많이 울었을 수미에게 올 봄이 다른 의미로 찬란하기를 바라봅니다.

조팝꽃이 날리네

열린 창문으로 부드러운 바람이 불었어요. 이층을 넘게 자란 졸참나무 사이로 햇살이 비쳐들어 마른 기저귀에 어룽대며 그늘을 만들어 내고 있었지요. 바람이 살랑일 때마다 그늘이 흔들렸어요.

아까부터 베로니카 수녀는 기저귀 개던 손길을 멈추고 자울자울 졸고 있었어요. 그때 한바구니 빨래를 들고 들어오는 마리아 수녀와 눈이 마주쳤습니다.

"아이쿠 성모님."

베로니카 수녀는 그 소리에 화들짝 놀라 깼습니다.

"날이 참 좋지요? 빨래도 잘 마르고 바람도 적당히 불어 그야말로 오수를 즐기기엔 안성맞춤의 날이에요."

아직도 졸음이 가시지 않는 눈을 비비고 있는 베로니카 수녀를 뒤로 한 채 빨래를 탁자에 쏟아놓고 마리아 수녀는 나가버렸어요.

창밖에서는 아이들 노는 소리가 재잘거리며 들려왔어요. 베로니카 수녀는 아이들 이름별로 빨랫감을 서랍장에 정리하며 창밖을 내다보고 있었습니다. 저 아래 언덕길을 따라 팝콘을 무더기로 뿌려놓은 듯 조팝나무가 바람에 살랑였어요. 그 길에 휠체어 바퀴를 밀고 가는 말 못하는 동주가 해바라기를 하고 있었고 조팝꽃 옆에 역시 휠체어에 몸을 의지한 채 근위축증을 앓고 있는 혁이가 햇볕을 받고 있었어요. 베로니카 수녀는 그 아이들을 물끄러미 바라보다가 자신도 모르게 기저귀를 떨어뜨렸어요.

"오 주여."

의자를 마악 당겨 앉으려던 베로니카 수녀는 자리에서 벌떡 일어났어요. 언덕 아래서 누군가 올라오고 있는 게 눈에 들어 왔기 때문이에요. 봄이면 몇은 이 시설에서 병을 앓다 죽어 나갔고 또 몇은 새로 입소하기도 했지요.

문득 베로니카 수녀는 아득한 기억 하나를 떠올리고 있었어요. 기억하기도 싫은 아니, 그리움이 너무 커서 그걸 펼쳐 놓고 보기에는 너무나 가슴이 미어지는 이야기를 베로니카 수녀는 가슴에 담고 있었어요. 원래 베로니카라는 세례명을 얻기 전 그녀는 추야모라는 이름으로 살았지요. 베로니카라는 이름으로 불려진 뒤로는 한 번도 불려지지 않았던 이름이었죠. 자신이 누구인가 되물음 할 때면 추야모라는 이름은 아주 낯설게 기억되었습니다.

언제였을까, 아주 오래 전 어느 날 서너 살이나 되었을까. 스러져 가는 가을에 지친 걸음을 멈춘 곳은 성육원이라는 건물 마당이었어요. 넓은 마당에 놀이기구가 몇 개 을씨년스럽게 놓여 있었고 마을과는 외따로 떨어진 건물 뒤뜰에는 옷가지들이 빨랫줄에 만국기처럼 가득 펄럭이고 있었어요. 빨래 가운데를 바지랑대로 받쳐 들어올려지고는 있었으나 바지랑대가 그 많은 빨래를 지탱하기에는 너무나 많이 널린 옷가지들이었어요.

"애야 이리오렴?"

쭈뼛거리는 추야모에게 원장으로 보이는 여자가 말했어요.

"엄마가 곧 너를 데리러 올게."

엄마는 그 말을 남기고는 뒤돌아섰어요. 뒤돌아 서 있는 엄마의 등허리로 가을 햇살이 비추었고 원장의 품에서 마당을 가로질러 가는 엄마의 뒷모습을 추야모는 한 없이 바라보고 있었어요. 엄마는 한두 번 돌아보곤 했지만 손을 들어 들어가라는 시늉을 하면서 옷고름을 연신 눈으로 가져갔어요.

그렇게 헤어진 지 43년 벌써 쉰일곱의 나이가 되었어요. 가끔씩 가슴이 막히는 건 자신을 버리고 떠나버린 엄마의 기억이 지워지지 않고 남아 있어서인지도 모른다고 생각했습니다. 부모에 대한 원망의 씨앗이 끝없이 자라 그 씨앗이 열매를 맺고 다시 씨앗이 되기를 십수 년 수련을 통해서도 원망과 서운함은 쉽게 가시질 않았어요.

베로니카 수녀는 기저귀를 개다말고 지하실 세탁기에 널어야 할 빨래가 들어 있다는 것을 기억해 냈어요. 아래층으로 내려가 계단을 돌아 설 때였어요.

"전번에도 말씀드렸지만 아이 걱정은 하지마세요. 잘 돌봐드리겠습니다."

사지가 축 늘어진 아이 하나가 강보에 싸여 있었어요. 그 옆에서 부모로 보이는 젊은 부부가 울음을 깨물고 서 있었는데 아이의 아버지는 시종일관 돌아서서 아이와 눈을 마주치지 않으려는 듯 침울한 표정으로 돌아 서 있었어요.

"불쌍한 우리 아가, 불쌍한 우리 아가."

여자는 그 말만을 뱉어내며 연신 아이의 얼굴을 어루만졌습니다. 베로니카수녀는 발길을 멈추고 사무실에서 들려오는 얘기소리에 귀를 기울이다가 계단을 내려갔어요.

사람은 누구나 자신의 처지에 눈이 달리기 마련이어서 자신의 그릇만큼의 강물밖에는 뜨지 못한다는 말을 가슴에 새기고 있었지요. 어디선가 울림이 왔어요.

"지금 당신이 어머니를 만난다면 무슨 말을 하고 싶습니까?"

베로니카 수녀는 고개를 떨구고 생각해 봤어요.

"그래도 저를 이 세상에 낳아 4년이라는 시간동안 길러주신 부모님에 대해 감사하게 생각합니다. 가끔은 원망도 했지만 말 못할 무슨 사연이 있었겠지요. 어머니를 만난다면 보듬어 안아주고 싶습니다. 그리고 사랑한다고 말하겠습니다."

베로니카 수녀는 한참이나 멍하니 서 있다가 세탁기 멈추는 소리에 정신이 들었어요. 빨랫감을 바구니에 넣고 옥상으로 올라갔어요. 말갛게 봄 햇살이 쏟아지고 있었지요.

빨래를 널다말고 베로니카 수녀는 졸참나무 연 초록 잎에 눈길이 머물다 언덕아래 조팝나무에 가 멎었어요. 언덕 아래로 내려가고 있는 젊은 부부의 뒷모습이 보였어요. 남자가 여자의 어깨를 감싸 안은 채 내려가고 있었습니다. 젊은 부부는 자꾸만 뒤를 바라보았고 헝클어진 여자의 머리칼이 바람에 나풀거렸어요.

'저들이 이곳에 다시 올까?'

삶에 지친 부부의 뒷모습 뒤로 조팝꽃이 하늘하늘 눈꽃처럼 날리고 있었습니다.

굿바이 아빠

봄꽃들이 앞 다투어 피고 지더니 이제 이 지상에는 말나리며 까치수영, 냉초, 원추리꽃들이 피어 숲 속에 난리가 났습니다. 저는 솔 숲 그늘에 앉아 그 남자의 일생에 대해 생각해 보았습니다. 무덤가에 심어 놓은 꽃들은 이 가뭄에도 싱싱하게 꽃대를 올렸습니다. 누군가 부지런을 떨며 이 무덤가에 물을 주었기 때문이지요. 굽은 허리를 무덤 옆에 내려놓으며 꽃들 속에 숨어 있는 잡초를 뽑아내는 엄마의 머리칼이 바람에 나부낍니다.

한사람이 태어나 이 지상에 뿌리를 내리고 살면서 마지막에 남는 건 무엇일까 가만 생각해 봅니다. 물질도 명예도 이 지상에 남아 있을 때의 일이고 지상에서 영, 육이 사라지는 날에는 많은 돈도 자자했던 평판도 그때뿐이겠지요. 엄마가 잡초를 뽑아내는 그 무덤의 주인인 그 남자가 살아 왔던 길을 그가 아닌 제가 더듬어 살펴봅니다.

장자가 되지 못한 운명적 결함을 가지고 태어났던 남자는 어머니가 여럿이어서 혼란스러웠던 어린 시절과 장자에 대한 지나친 기대감으로 일관했던 아버지에 대한 반항으로 청년시절을 보냈습니다. 한 여자를 만나 사랑했으나 그 사랑이 실패로 끝나고, 사랑했다고, 수줍은 고백을 하며 인생의 한 고개를 넘듯 첫 여자는 바람고개를 넘어갑니다. 이후로 남자는 두 번째 여자와 만나 사랑을 하며 딸 셋과 아들 둘을 낳아 기릅니다. 아이들은 사랑스러워서 밥을 먹다가도 빙그레 웃음이 나오고 잠을 자다가도 빙그레 웃음이 나오는 행복한 나날을 보냅니다.

가족이 늘어나자 남자는 더 넓은 집으로 이사를 하고 집을 짓기 시작합니다. 선산의 소나무를 잘라서 기둥을 세우고 서까래를 얹고 자식들과 함께 짚을 이겨 넣어 흙집을 지었습니다. 아이들이 점점 자라자 남자는 아들에게 소나무를 깎아 팽이를 만들어 주고 청년이 되자 지게를 만들어 지게 했습니다. 바다농사를 짓던 남자는 삼나무를 잘라 큰 배를 만들어 바다에 띄워 더 많은 물고기와 전복 등을 길러 자식을 먹이고 가르쳤습니다.

하지만 인생이란 가끔 쿨럭, 하고 기침이나, 재채기가 터지듯 살다보면 뜻밖의 일을 만나기도 합니다. 개망초가 흐드러지게 피어 흔들리던 어느 날, 병든 자식을 먼저 보내는 슬픈 일을 겪게 됩니다. 남자는 새벽마다 깨어서 가슴을 쥐어뜯으며 황소 같은 울음을 꺽꺽 토해냈습니다. 그의 자식들은 그 울음소리를 들으며 각자 제방에서 눈물을 훔치며 돌아누워야 했습니다.

그런 남자가 '자식 먼저 보낸 슬픔'이라는 병이 들어 숨을 거둔 날, 세상은 이산저산에 하얗게 아까시꽃이 피었고 온천지는 아까시향기로 가득했습니다.

저는 솔숲에 앉아 한참이나 묘비에 새겨진 글을 들여다봤습니다. 무엇이 우리를 슬프게 하는가 그것은 기억 속에서 살아 숨 쉬고 돌아다니는 감정이 아닐까 생각해 봅니다.

'아빠 잘 가요, 다시 만나겠지요. 저 세상에서.' 저는 가만 뇌어 봅니다. 뒤를 돌아보니 개망초 꽃들이 절 보고 인사를 하네요. 잘 가라고, 다시보자고, 성긴 풀들을 걷어내며 돌아오는 길, 하얗게 제 눈앞에서 영혼 하나가 멀어져갑니다. 엄마도 가끔 뒤를 돌아보며 개망초 길을 걸어 나옵니다.

손수 흙집을 지었고 탈 배를 만들고 자식들에게 지게와 팽이를 만들어 주셨던 아버지. 5월 어느 날 아까시향기가 날리면 문득 아버지 생각이 날 거예요. 그 향기 따라 아버지가 묻힌 이곳에 찾아올게요. 먼저 간 춘옥이 만나서 이 세상 살다간 얘기 많이 나누세요. 사랑합니다.

순자 씨의 로맨스

우리가 모인 곳은 공주 근처의 어느 산사였습니다. 늦은 저녁에 갔더니 당신은 전보다 훨씬 좋아진 모습으로 버선발로 걸어 나와 마당에서 우리를 맞았습니다. 숲 속에서는 꾀꼬리와 검은등뻐꾸기의 울음소리가 들려와 숲 속이 살아 있음을, 당신이 살아 있음을 실감케 했습니다. 이전보다 훨씬 좋아진 모습에 어떻게 된 거냐고, 건강이 회복이 된 거냐고 마루에 앉기도 전에 던지는 질문공세에 당신은 빙그레 웃으며 어느 날 죽기 전에 해보고 싶은 일이 있었는데 그 일이 여행을 가는 일이었고 그 여행의 장소가 이곳이 된 것 뿐이라고 하면서 건강도 많이 회복이 되고 다시 투병을 하기 위한 휴식의 시간을 갖기 위해 온 것이라고 했습니다. 생각해보니 그동안 알고 있는 곳이 여기밖에 없었다고 아마도 젊어서 아이들 키우느라 여행이란 걸 해보지 못해 뚜렷한 여행 장소도 떠오르지 않았다는 당신 말에 애잔한 마음이 들었습니다.

한껏 상기된 당신의 표정을 보면서 내심 안심이 되기도 하고 한편으로는 정말회복이 된 건가 의구심이 들기도 했지만 회복이 되는 것이라고 그렇게 믿고 싶고 그렇게 되기를 간절히 기도했습니다. 우리는 늦은 저녁 상차림으로 뒤란에 있는 취나물과 어성초 상추 쑥갓 민들레 고들빼기 담배상추 등의 잎을 뜯고 고추를 따서 된장찌개와 함께 밥을 싸먹으면서 오랜만에 참살이식사를 한다고 좋아했습니다.

식사를 마치고 밥상머리에 둘러앉아 차를 마시면서 왜 여기에 오게 되었는지에 대한 이야기를 하면서 시낭송을 해보라는 처사님의 얘기에 못 이긴 척 한 수 읊겠다고 하면서 청마 유치환의 "그리움"을 떨리는 목소리로 낭송했습니다. 제가 그때 얼마나 그 시에, 당신의 목소리에 감동을 했는지 당신은 아마도 모를 겁니다.

파도야 어쩌란 말이냐 파도야 어쩌란 말이냐. 임은 뭍같이 까딱 않는데 파도야 어쩌란 말이냐. 날 어쩌란 말이냐.

당신이 그렇게 청마의 시를 읊는 동안 난 그 애절함에 마음이 아팠습니다. 언젠가 보문산 자락을 걸으면서 읊었던 그 시였습니다. 청년시절에 감상했던 시를 30년 넘어 다시 접하니 그 시절의 느낌과는 또 다른 감동으로 다가왔습니다. 더 익어서 제 맛이 나는 그런 시였다고나 할까요? 아니 어쩌면 그 안에 사연 하나 있지 않나 하는 생각이 들었습니다. 그렇지 않고서야 당신의 그런 절절한 마음이 저한테 전해질 리 없잖아요? 진심은 통하는 법이니까요. 아니나 다를까 시를 읊고 난 당신은 그 시를 좋아하게 된 사연을 이야기 했습니다.

1965년 그 무렵에 저는 열여덟 살이었습니다. 그리고 월남전에 참전한 사촌 오빠에게 열심히 편지를 쓰는 소녀였습니다. 그때는 군인들에게 편지를 쓰는 것이 유행이어서 오빠도 사촌동생이 편지 써주는 것을 좋아했고 저도 오빠에게 편지 쓰는 것을 좋아했습니다. 한창 편지를 주고받으며 소식을 전해주곤 했는데 한번은 다른 남자에게서 편지가 왔습니다. 펜팔을 하자고 그렇게 해서 저는 생애 처음으로 한 남자를 알게 되었고 펜팔을 하게 되었습니다. 그게 4년이 넘도록 지속 되었습니다. 둘이 사진 한 장 씩 교환한 게 전부였습니다. 그렇게 4년이 지나고 그 사람은 고국으로 돌아오게 되었어요. 돌아와서도 편지는 계속되었어요. 한번은 저한테 편지가 왔는데 만나자는 거였어요. 그런데 자꾸만 엄마가 마음에 걸리는 거예요. 우리엄마는 일찍이 홀로 되셔서 딸만 셋을 길렀는데 아무래도 남자를 만나고 연애를 한다는 것이 엄마한테 누를 끼치는 일인 것 같아 그 남자를 만날 용기가 나지 않았어요. 그래서 다음에 만나자고 편지를 썼지요. 그런데 그러고서는 어영부영 끝이 나고 말았어요. 지금 생각으로는 그때 만나봤더라면 어땠을까? 하는 생각이 들어요. 그게 저한테는 첫사랑 이었는데……

"어디 사는 남자였어요?"

한참을 듣고 있던 제가 물었어요.

"춘천에 살았어요."

"그럼 지금이라도 한번 만나보지 그래요? 허심탄회하게. 제가 그 사람을 한번 찾아볼까요?"

"아니에요."

"혹시 실망할까봐서요?"

"아니 그게 아니고……"

적극적으로 나오는 우리들에게 당신은 그저 손사레만 치셨습니다. 전 당신의 로맨스를 들으며 지금까지 당신을 지탱하고 시를 쓰게 한 힘은 그 남자와의 로맨스가 아니었나 생각합니다. 아직도 끝나지 않고 그리움을 품고 사는 당신의 가슴에 오롯이 한 남자가 남아서 그 씨앗이 자꾸만 자라서 시로 승화되고 있다는 생각이 들었습니다. 내년에는 춘천에 산다는 그 남자를 찾아 헤매야 하지 않을까 하는 사명감마저 들었습니다. 죽기 전에 한번 만나보는 것도 나쁘지 않을 것이란 생각이 들기도 하구요. 저에게 그 일은 숙제로 남아 있습니다. 그리움은 사람을 행복하게도 만들고 피폐하게도 만드는 것 같습니다. 1965년 월남전에 참전했던 그 청년은 지금 어떻게 되었을까요?

생활의 발견

살다보면 가끔 세파에 찌들지 않은 아름다운 사람들을 만나게 되기도 합니다. 순진무구해서 그런 사람을 보면 상처받은 마음이 녹고 환해지는 것 같아요.

햇살이 고운 초여름 어느 날 버스를 탔어요. 버스 중간 쯤 문 옆에 앉은 사람이 아까부터 자꾸만 고개를 이리저리 돌려가면서 실실 웃는 거예요. 맨 뒤에 앉아 있던 저는 누굴 보고 웃는 거지 싶어 주변을 돌아보지만 그와 시선이 닿을만한 위치에 특별하다고 느낄 만한 대상은 보이지 않았어요. 그는 다만 무엇을 보고 웃는지 실실 웃을 뿐이였어요. 아무리 둘러봐도 웃을 만한 상황은 아닌 듯 한데, 가만 보니 속된 표현으로 맛이 조금 간 사람이었던 거예요.

시내 은행 앞에서 그가 내리려고 일어섰어요. 그는 일어서면서 또 실실 웃어요. 조용한 버스 안 아무도 그 남자를 주시하지도 않고 맞장구쳐주지도 않지만 그는 뚱딴지처럼 웃고 있었어요. 더군다나 아홉시가 넘은 시간은 샐러리맨들이 출근을 마치고 이제 막 소일거리나, 취미생활을 할 사람들이, 또는 노인들이 움직일 시간대라 버스에는 주로 나이든 사람들이 탔어요. 그래서인지 아무도 이 광경을 보고도 웃어주지 않았어요. 다들 무뚝뚝하게 화석처럼 앉아 있었지요. 아마도 그는 열두 살 이하의 지능을 가지고 있는 듯 했어요. 그래서 그는 삼신할머니의 도움으로 살아가고 있는지도 모르죠. 삼신할머니는 열두 살 이하의 어린이만 보살펴 준다고 하잖아요. 그 이상의 나이는 자기들이 알아서 관리해야 하는 거래요. 왜냐하면 이제 다 컸으니까 삼심할머니의 도움이 필요 없대요. 일종의 독립이라고나 할까요?

갑자기 이 버스에 유치원생이 탔다면 어땠을까? 하는 생각을 해봤어요. 아마도 병아리와 삐약이, 삐딱이?들이(개구진 아이들을 부르는 저만의 별칭) 시끄럽게 조잘대느라 정신이 없을 겁니다. 웃음소리도 왁자하겠지요? 그리고 저 총각이랑도 눈을 맞추고 총각이야 보든 말든 하하, 호호 실룩실룩 웃어 줄 것이고요. 그들과는 통해서. 그건 신이 만들어 놓은 세계니까. 웃는 낯에 침 뱉으랴, 라는 속담도 있잖아요.

그런데 남자가 주변을 휘둘러보고 나와 눈이 마주치자 환하게 미소를 날려주었어요. 그냥 그 사람이 순진무구하게 웃어서, 그 웃음이 이 버스 안을 환하게 해 준다는 생각을 하면 기분이 좋았기 때문에, 저도 그를 보고 씨익 웃어주었어요. 하지만 그는 제 눈도 맞추지 못하고 그만 시선을 거두어 가버렸어요. 전 갑자기 바보가 된 느낌이었어요. 내 웃음이 아무 의미 없어져 버렸다는 무안함에 혼자 얼굴이 붉어졌지만 다시 한번 저는 그 사람처럼 웃어보였어요. 그러자 그냥 기분이 좋아졌어요. 아무도 내 미소에 답해 준 사람은 없었지만. 아마도 내가 앞이나 중간에 타고 있었다면 이런 용기 있는 행동은 나오지 않았을 거예요.

그런데 그 사람은 목적지에 다 온 모양인지 남보다 먼저 일어나서 벨을 꾸욱 눌렀어요. 어릴 때 우리가 그랬던 것처럼 우리 아이들이 그랬던 것처럼 삐익, 소리를 내는 그 벨 소리가 듣고 싶었을 거예요. 벨을 누른 후 기분이 좋은지 남자는 버스 안을 휘둘러보았어요. 뿌듯한 얼굴로.

남자가 내렸어요. 전 내리는 그 남자 뒤통수에 대고 환한 미소를 날려주었어요. 그것은 어쩌면 제 자신에게 보내는 미소였는지도 모르죠. 이렇게 이기적인 세상에 이렇게 딱딱한 세상에 혼자 웃음을 무구하게 날리는 그 남자가 갑자기 신선하게 다가왔어요. 물론 그 남자는 정신연령도 낮고 지능도 좀 떨어져서 생활하는데 조금 불편함은 있겠지만 화석처럼 굳은 사람들의 뒷통수에 보든 말든 환한 미소를 날려 보내는 그 모습이 보기 좋았어요. 괜스레 그 남자에게 그냥 미소를 같이 날려주고 싶은 마음이 들었어요. 웃는 것이 그 사람의 병일지도 모르는데……. 그런 생각이 들더군요.

구부정하게 어딘가로 걸어가는 그 남자 등 뒤에 커다란 해바라기 같은 미소 한덩이가 환하게 피어올랐어요.

당신을 잊지 않고 있다고

제가 당신에게 편지를 쓰지 않더라도, 연락을 못하더라도 제가 당신을 잊었다고 생각하지 마세요. 단 하루도 당신을 잊은 적 없어요. 하루하루를 견디고 있을 당신을 생각하면 인간으로서 연민이 느껴져요.

해지는 들녘을 가로질러 집으로 가는 길에도 가끔 시간이 나면 멀리 교외로 나가 함께 걸었던 논둑길이며 밭둑길을 생각하고 아침이면 주방 창문으로 바람 부는 밖을 내다보면서도 전 당신을 생각했어요. 잘 있을까, 아침잠에서는 깼을까? 남강바람을 맞으며 산책은 하고 있는 걸까? 뭐 그런 생각, 잠을 자면서도 새벽에 깨어나서도 그리고 길을 가다가 문득문득 당신을 생각하곤 해요. 당신은 누구보다 착한 마음을 지닌 사람이잖아요. 그리고 저를 비롯한 누구를 만날 때라도 정직하고 교만하지 않고 상대방을 먼저 생각하는 고운 마음을 갖고 있잖아요.

그런데 어떻게 이런 제가 당신을 잊었다고 할 수 있겠어요? 제가 당신을 잊지 않은 것처럼 당신도 저를 기억해주세요. 조금 더 세월이 흘러 5년,

10년이 지나고 20년이 지나고 꼬부랑 할머니가 되더라도 절 잊지 마세요. 우리가 함께 했던 〈곶감〉을 읽던 시간들과, 〈백석〉과 〈이태준〉 〈구보〉와 〈나와 나타샤와 흰당나귀〉와 〈기형도〉와 〈김선우〉 등을 토론하던 시간들도 제 기억 속에 살아 있을 거예요. 설령 살다 어디쯤에서 치매에 걸려 잊는다면 모를까? 그때는, 그래요 그때는 괜찮아요. 저를 잊어버려도, 아예 잊어버려도, 제가 기억하고 있으면 되니까요. 작은 체구에 오똑한 콧날과 까만 눈썹, 부드러운 머리칼 그리고 하나 둘 셋 넷 이젠 셀 수도 없을 만큼의 많아져버린 당신의 흰머리칼도 기억할게요. 시간이 지나다보면 더 많은 흰머리칼들이 생기겠지요. 하지만 그것도 아름답게 기억할게요. 당신은 다 잊어버려도 저는 기억할 게요. 일상이 힘들고 지칠 때 그럴 때는 가끔 기억을 꺼내 보고 되새김질 하는 것도 나쁘진 않을 거예요. 마치 영화를 보다가 되돌려 보는 것처럼. 가끔은 그렇게 살아보는 것도 괜찮을 것 같아요. 되돌아가지 말고 뒷걸음질 치면서 우리들 앞에 놓인 풍경을 구경하고 간다는 것 그것은 정신이 누릴 수 있는 최고의 여유일 거예요 아마. 가끔 그렇게 쉬게 해주는 것도 괜찮겠어요.

벌써 2012년 가을이에요. 곧 9월 달력도 뜯겨져 나갈 테고 10월, 11월, 그러다가 호랑가시나무에 크리스마스 캐럴이 울릴지도 몰라요. 그때까지 우리가 서로를 기억하고 있다면 그때까지 살아 있다면 그냥 미친 사람들처럼 좋다고 아우성치면서 정말 즐거운 듯 떠들면서 지냈으면 좋겠어요.

흰 눈이라도 펑펑 날리면 당신은 당신 집에서 케이크를 자르고 저는 눈 오는 날 밤 슬그머니 벚나무 숲을 걸을 거예요. 눈사람이 될 정도로 눈을 많이 맞고 와서는 잠도 안 자고 창밖으로 내리는 눈을 바라보면서 〈크리스

마스캐럴〉을 쓸 거예요. 예전에 당신이 얘기해 주었던, 한 사람을 만나 안고 싶어서 밤새 헤매고 다니다 어느 허름한 여관에서 밤을 새고 나오는데, 허름한 그 골목길을 나오는데 뜻하지 않게 하늘에서는 흰눈이 소리 없이 펄펄 내리고 있었다는 그 얘기를 쓸 거예요.

그리고 전할게요. 당신을 많이 좋아한다고요. 그러니 건강하게 내년에 벚꽃 필때까지만 살아 있어 달라고요. 그래서 하늘하늘 떨어지는 벚꽃 길을 함께 걸으면서 웃을 수 있었으면 좋겠어요. 그때까지 꼭 살아 있어서 벚꽃 길에서 웃을 수 있다면 좋겠어요. 그때까지만 살아 있어서.

4

저문 날의 풍경

모범경작

엄마의 산비탈밭에는 서울살이의 고단함을 잊게 해 주는 거칠지만 넓은 땅이 있습니다. 엄마의 용돈을 만들어주기도 하고 가끔은 손주 손녀들의 예쁜 꼬까옷으로 변하기도 하는 하늘에서 굴러 떨어진 밭이지요. 그래서 엄마는 늘 그 밭에 나가 하느님 고맙습니다, 하느님 고맙습니다, 하면서 밭을 갈아엎고 잡초를 뽑곤 합니다. 비가 와도 눈이 와도 바람이 불어도 엄마의 손길은 멈추지 않습니다. 주렁주렁 달린 호박이며 오이며 암탉 속에 들어 있는 닭알처럼 주렁주렁 매달린 감자알을 들여다보며 오달져하거나 누가 볼세라 흙속에 숨어 잘자라고 있는 고구마알을 들여다보다가 얼른 두둑을 툭툭 쳐 덮어주고는 주변을 휘둘러보는 게 습관이 되었습니다. 고춧잎이 햇볕을 받아 반짝이거나 토란대에 빗방울이 또르르 떨어지거나 한 날에도 그 모습마저 너무 예쁘고 뿌듯해서 엄마 입은 저절로 미소가 지어집니다.

몇 년 전 탐스러운 푸성귀를 바라보고 있던 엄마는 문득 아이디어 하나를 떠올렸습니다. 그래, 이것을 가지고 저 산을 오르내리는 등산객에게 팔면 어덜까이? 식구들이 먹고 남을 만큼도 많은데 친척들에게 나눠줘도 남고이? 엄마는 그 생각을 해 내고는 자신이 그런 생각을 해 냈다는 것 자체가 기특하여 기분이 으쓱해졌습니다. 일생 농투성이로 살았는데 그쪽에는 이미 이력이 나서 눈감고도 지을 수 있을 것 같은 생각이 들었습니다. 그까짓 거 쬐그만 터에 고거하나 못할라고? 하는 생각도 들고 예전 같으면야 많은 땅을 지으면서 애들 먹여키우고 거두고 하느라 농사가 고되기만 했는데 우리 식구 쬐금 먹을거리야 뭐 장난이지, 그런 생각으로 시작 한 것이 이제는 제법 많은 소출을 내게 되었습니다. 산비탈을 손이 트도록 돌을 고르고 갈아엎고 해도 하나도 힘들지 않았습니다. 오히려 그게 재미지고 뭘 심어먹어도 보기 좋고 맛 또한 그렇게 좋을 수가 없었습니다. 엄마는 그거 하나 믿고 등산을 하는 사람들에게 이 배춧잎 한번 먹어보시오, 하면서 고소한 배춧잎을 맛보여가면서 장사를 하기 시작했습니다. 취미생활로도 딱이었습니다. 땅에서 낸 것을 나눠먹는 것도 재미있었지만 그게 용돈벌이가 된다는 것도 엄마한테는 즐거운 일이었습니다. 그렇게 하면 잘 될 것이라는 엄마 나름의 계산으로 엄마는 통에다 갓 따온 오이며 호박이며 고추를 담아 등산하는 사람들이 지나다니는 소나무 밑에서 난장을 펼쳤습니다. 처음에는 좀 뻘쭘?하고 쑥스럽고 입도 떨어지지 않던 장사가 한 달여가 지나자 익숙해지기 시작했습니다. 맛있다는 말도 떡하니 하고 그렇다고 없는 말 하가니? 다 맛있응게 맛있다고 하제 하면서 열심히 장사솜씨를 익히기도 했습니다. 엄마는 그 해 여름내내 푸성귀를 팔아 자그마치 백만원이나 벌었습니다.

며칠 전 겨울을 재촉하는 비가 내리고 다음날 바람마저 쌀쌀하게 불면서 제법 기온이 내려간 날인데도 엄마는 밭에 나가 가을걷이를 했습니다. 막바지 고추를 따거나 늙은 호박을 거두어들이는 것입니다. 그리고 땅속에 숨어 있는 고구마를 쏙쏙 캤습니다. 고구마는 겨우내 엄마가 먹는 양식입니다. 깎아먹기도 하고 쪄먹기도 하고 구워먹기도 하면서 엄마는 겨울을 날 겁니다. 엄마는 고구마를 캐다 말고 아이고 하느님 고맙습니다. 이번 수확 끝나면 지가 하느님께 톡톡히 한턱 쏘겠습니다. 하며 굽은 허리를 펴며 중얼거립니다. 그 말에 하느님이 대답합니다. 아이구 무신, 괜찮아요. 할머니의 부지런함이 그렇게 수확을 거뒀으니 모두 할머니꺼에요. 엄마는 그말 듣고, 아녀요 웬걸요? 다 하느님의 은총이죠.

도시 사는 엄마가 그 땅을 얻게 된 데에는 정말 하느님의 은총이었습니다. 원래는 교회에서 사들인 땅인데 땅을 일궈보실 분 손드세요, 할 때 앞뒤 잴 것도 없이 손을 들고 그 다음날로 거친 산비탈 밭에 돌을 고르기 시작했습니다. 교회 땅인 그곳은 10년이 넘도록 개발되지도 팔리지도 않았고 엄마는 한 해 한 해 알뜰한 소출을 냈습니다. 그렇게 일군 땅이었습니다.

그날 밤 엄마는 감사헌금과 한포대의 토란대와 한포대의 고구마를 들고 교회로 향합니다. 잡초만 무성하던 산비탈 밭에 뿌린 씨앗들이 잘 자라준 것이 엄마는 너무나 고맙습니다. 아버지가 살아생전 한 것은 엄마를 대신해 밭을 경작해 온 일당을 침을 묻혀가며 한나, 두울, 서이, 너이 합이 3만 천원이네, 5만 이천원이네 하면서 초등학교 무제노트에 볼펜을 꼭꼭 눌러 기록해 두는 일이었습니다. 어쩌다 엄마가 장부 정리라도 하면 글씨도 삐뚤빼뚤 쓴다고 받침도 틀리다고 핀잔을 하던 아버지도 흙으로 돌아가고 엄마는 혼자 행길을 걸으며 이런 저런 생각을 떠올립니다. 다른 때 같으면 트럭으로 실어다 주면서 올 때는 걸어오소, 휙 한마디 던지고 속없는 아버지는 트럭 꽁무니를 보이며 사라질 터이지만 그런 아버지마저 이 세상 사람이 아니라는 생각이 들자 갑자기 혼자 남은 이세상이 서글퍼지기도 하지만 엄마는 씩씩하게 포대자루를 메고 교회로 갑니다.

장사라고는 하지도 못할 것 같은 엄마가 산비탈을 깎아내고 황토흙을 고르고 닭똥을 사다가 흙에 버무리곤 했습니다. 엄마는 그렇게 땅을 가꾸고 손으로 쓰다듬으면서 정성을 다해 씨앗을 뿌리고 밭고랑에서 기도를 하고 물을 주고 하여 작물을 키워냈습니다. 그리고 그 소출로 가족들은 아주 건강한 작물을 먹을 수 있게 되었습니다.

허리가 다 꼬부라진 울엄마가 교회로 향합니다. 추수가 끝난 벌판에 엄마가 만들어놓은 허수아비도 이제 팔을 내리고 둠벙 옆에서 쉬고 있습니다. 허리가 ㄱ자로 꺾인 엄마가 포대자루를 메고 하느님에게 한턱을 내러 갑니다. 허리가 ㄱ자로 꺾인 울엄마가.

뚜김 선생과 그의 제자들

지금이나 그때나 저는 먹는 거를 무척 좋아했어요. 특히 고구마튀김을요. 제 큰 손과 큰 발은 저를 가만 내버려두지 않고 자꾸만 아귀아귀 먹게 만들었어요. 몸에서는 뭔 기운이 그렇게 솟는지 왕성한 활동력이 온몸으로 퍼지고 있는 우린 중학생이었다니까요. 제 얼굴의 주근깨는 식욕의 왕성함만큼이나 많아지고 있었고요. 아주 어렸을 때 친구 아버지는 친구 집에 놀러갈 때마다 내게 말했어요. 너 낮잠 잤지? 아니요? 그럼 니 얼굴에 생긴 파리똥은 뭐냐? 그때마다 친구 아버지가 몹시 미웠지만 어른한테 덤빌 수는 없잖아요. 그러거나 말거나 우린 모였다 하면 뭐 먹을 거 없나 하고 부엌을 뒤지기 일쑤였지요.

그해 가을 채마밭에는 우리들만큼 실한 배추가 무럭무럭 자라고 있었어요. 우리 역시 사쿠라(벚꽃) 나무에 기대어 최초로 컬러 사진을 찍었던 그 멤버 그대로 바닷가 곰솔처럼 굵고 억센 모발을 날리는, 더군다나 식욕까지 왕성한 중학생이 되어있었지요. 아직은 몸도 정돈되지 않아 아가씨도,

그렇다고 소녀도 아닌 어정쩡한 모습이었는데 그날도 고개를 넘어 신작로를 지나 마을 입구에 들어서고 있었어요. 우린 바닷가에서 자란 후손들답게 잘 먹고 많이도 먹고 씩씩하고 맷집도 좋고 싱싱하고 건강했지만 늘 배가 고픈 족속들이었습니다. 그중 하나 아름다운 허리선을 자랑하는 미숙만은 이상하게 바닷가 후예가 아닌 것처럼 날씬해서 우리와 달리 몸매가 예쁜 미숙이를 탐탁찮아 했어요. 그런 미숙이가 우리한테 더욱 미움을 산 것은 걸핏하면 운동장에서 쓰러진다는 사실이었습니다.

"얘 오늘 걔 또 자빠졌냐?"

"걔 자빠지는 꼴 봤냐?"

"미친년, 자빠지는 꼴이라니."

미숙이가 자빠지기만 하면 국어선생은 그 옆에 서 있다 미정이를 들쳐업고 양호실로 뛰곤 했습니다. 미숙이는 양호실에서 한참을 누워 있다가 해맑게 웃고 나올라치면 그 얼굴은 왜 그렇게 허여멀건해 더욱 예뻐보이던지, 우린 잘생긴 국어선생님의 따뜻한 등판?을 생각하며 질투를 느끼곤 했습니다. 하지만 애초에 그러고 싶어도 몸이 안 받쳐준 곱슬처럼 뻣뻣한 머리칼을 가진 굵고 튼튼한 우리 네 명의 전사는 늘 그게 불만이었지만 일찌감치 체념을 하기에 이르렀습니다.

"미숙이 혼자 실컷 재미보라지. 흥."

미숙이의 야리야리한 몸매를 보면서 우리의 질투는 극에 달하기 시작했습니다. 현실은 내 힘으로 어쩔 수 없는 일들이 너무나 많았고 근본적으로 신체조건이 따라주지 않은 것마저 우리는 조상 탓으로 돌렸습니다. 맛난 음식을 눈앞에 두고 참을 수 없는 식욕을 느끼는 것도 조상 탓이고 우리가 이렇게 걸신들린 애들처럼 먹어대는 것도 다 너무 건강하고 너무 먹을 것을 밝히고 너무 씩씩하게 태어난 것도 조상 탓이라고 생각했지요. 공교롭게도 우리는 국어선생한테 늘 공짜로 뚜김을 얻어먹는 신세가 되기도 했습니다. 그걸 보답하기 위한 방법이라면 공부를, 그것도 국어를 잘해주는 것이었으나 우리는 그러질 못했어요. 놀고 먹기 바빴으니까요.

"니들 뚜김 먹지 않을래?"

하면서 사재?를 털어 뚜김을 사주는 국어선생에 대해 우리는 때론 고맙기도 하고 때론 미워하기도 했습니다. 맛나게 먹고 나면 선생님은 꼭 한마디씩 했습니다.

"니들 나중에 또 튀김 먹고 싶으면 얘기해라."

실은 지금도 더 먹고 싶었지만 염치가 없어 간신히 그 말은 삼키고 말았지요.

"네 선생님."

선생님이 이렇게 멀리 섬 학교까지 전근을 온 이유는 몸이 안 좋아서라고 했습니다. 그동안 위장과 폐가 망가져 고생을 하다가 요양 차 왔다는 선생님은 이 섬에서 건강을 많이 회복했다고 했습니다. 그리고 자신한테는 우리만한 중학생 아들이 하나 있는데 그 아들이 자꾸 생각난다는 것입니다. 그러면서 우리에게 뚜김을 사주시던 날 눈물을 글썽이며 아들 이야기를 했어요. 어느 날 갔더니 몰라보게 자라있어서 깜짝 놀랐다고, 그리고 선생님은 고등학생에서부터 중학생까지 아들이 줄줄이 셋이나 된다고 했지요. 집에 가면 늘 밥솥에 밥이 한가득 있어서 세 아들놈들이 밥을 얼마나 먹어대는지 월급타서 쌀 사느라 돈을 다 쓴다는 얘기도 했어요. 양푼에 밥을 퍼 담아 김치와 고추장과 계란 한 알에 비빔밥을 날마다 질리지도 않은지 해 먹는다는 선생님의 이야기는 정말 우리만큼 엄청난 양을 먹어치우는 엄청난 자식들을 두고 있구나 하는 생각이 들었습니다.

우리는 멍청하게 앉아 그 얘기를 듣고 있었지요. 이상하게도 많이 먹고 잘 먹고 엄청 먹는 우리들처럼 그 아들들이 우리처럼 억세게 잘 먹는 아들들이라는 말에 왠지 친근감이 느껴졌습니다. 한창 클 때는 잘 먹어야 한다는 것이 선생님의 지론이었습니다. 기름이 산화되느라 모락모락 김인지 연기인지 모를 기름기의 고소한 냄새와 먹고 나면 반들반들 윤기가 흐르던 입술과 노릇노릇 보기 좋으라고 다꾸앙 색소를 넣은 뚜김 일명, 덴뿌라는 달리 먹을게 없는 촌에서 손발이 커가고 몸집이 커가고 있는 우리의 허기를 채워주곤 했습니다.

물론 그날도 허기가 진 우리는 빠른 걸음으로 조잘대며 동네 고갯길을 넘어오고 있었습니다. 동숙이네 뒤뜰 채마밭에는 동숙이 종아리만큼 실한 무와 동숙이 몸만큼이나 실한 배추가 푸른 잎을 자랑하며 자라고 있었어요. 우리는 너무나 허기가 진 나머지 부엌으로 들어가 솥단지 여기저기를 뒤져보다가 순꽁보리밥 바구니를 내려 멸치젓을 떠와 너펄한 배춧잎을 펼쳐 손바닥에 깔고는 아직 다 삭지 않은 반쯤 죽은 눈알이 녹아 버린 내장이 기어 나온 멸치를 얹고 찌그러진 멸치 눈알이야 아랑곳없이 동숙이 엄마가 삽짝에 들어오는 것도 모르고 큰 입을 벌려 볼이 미어져라 입에 쑤셔넣었습니다.

"이런 미친년들. 이런 미친년들."

"저녁 할라고 해 놓은 보리쌀을 다 처먹다니, 이런 미친년들"

하면서 부지깽이를 들고 달려 나오는 것을 간신히 피해 달아났습니다. 대신 동숙이가 우리를 대신해 매를 맞았음은 말 안 해도 다 알고 있었지요. 먹고 먹고 또 먹고 배터지게 먹고 돌아서면 또 배가 고픈 우리는 그때 중학생이었습니다.

도깨비 식당

몇 년 전 계족산을 올라가면서 신기한 경험을 했어요. 점심때 산중턱에 있는 비닐하우스에 밥을 먹으러 가는 무리 때문이었지요. 하늘이 열리는 마을이라는 곳에 비닐하우스를 개조해 만든 노부부가 운영하는 식당이 있었어요. 이름하여 도깨비 식당, 산 중턱에서 만난 깡마른 할머니의 말만 믿고 남자 삼천 오백 원, 여자 삼천 원, 한다는 그 식당에 가보기로 하였습니다. 무슨 나이트클럽도 아니고 정말 재미있는 곳이라는 생각이 들었지요. 그 비닐하우스 식당에 점심을 먹으러 산 중턱에서 산 정상을 올라 다시 아래로 뜀박질을 하는 중이었어요. 왜 뜀박질을 하냐고요? 그 가게에서 점심을 먹으려면 줄을 서야 한다는 얘기를 들었기 때문이에요.

정말 사람들은 어디론가 거의 뛰다시피 달려가고 있었습니다. 가파른 산을 오르면서요. 무슨 백화점 바겐세일 때만 줄을 서는 줄 알았는데 한 끼의 점심을 위해 사람들은 기꺼이 목숨을 걸? 줄을 알았어요. 여자에게 삼천 원만 받는 이유는 설거지를 하는 값이라고 했어요. 대부분의 여자들이 설

거지를 했기 때문이에요. 남자들은 주로 낮술로 막걸리를 마신 탓에 벌겋게 상기된 얼굴로 산을 오르내리고 있었지요. 소주는 공짜, 반찬은 김치찌개 그리고 돼지 허벅다리 삶은 것 상추와 쌈장 마늘 고추 썬 것이 전부였고 물론 물도 있었습니다.

그날은 눈발이 하나 둘 날리고 있는 꽤 쌀쌀한 날이었어요. 우리가 산을 오른 것은 열한시 무렵이었어요. 이 씨한테 얻어들은 얘기로는 그 할머니를 매일 만난다고 했어요. 산행 하는 것을 하루도 거른 적이 없었다고 합니다. 할머니는 날렵했고 강단 있어 보였는데 그 나이 먹도록 등산을 한 덕분으로다 건강을 유지할 수 있었다고 해요. 그 산은 할머니에게 병원에서 가망이 없다는 병마저 낫게 해준 고마운 산이었다고 합니다. 산을 다녀서 병이 나은 것인지 아니면 그 병이 사라질 즈음이어서 그렇게 된 건지는 알 수 없지만 아무튼 만성 위병에 시달리던 할머니에게 산을 오르고부터는 그 병마저 없어져버렸답니다.

얼어붙은 땅과 산은 헐벗어 휑한 채였고 등산로 여기저기에 두더지가 기어간 자리인지 멧돼지가 먹이를 찾아 헤매고 다닌 길인지 파헤쳐진 흔적들이 나 있었어요. 흰 눈이 쌓인 곳의 땅에 뒤집어져 있기도 했어요. 숲은 제 상처를 다 드러내고 있었지요. 애써 잎을 떨구지 않은 참나무는 마른 잎을 달고 달달 떨고 있었지요.

숨이 턱에 차듯 올라간 산 중턱의 정자각에서 한숨을 돌리고 있을 때. 거기서 백발이 성성한 한 할머니를 만났어요. 산신령의 경지에 이른 듯 할머니의 눈빛이 예사롭지 않았지요. 호호 웃고 있기는 해도 그 눈빛이 천진한 듯 형형했어요. 할머니는 1년 반 동안 다리가 부러져 산을 오르지 못하다

꿈속에서도 산을 타는 꿈을 꾸었다고 너스레를 떨었는데 할머니의 특이한 차림에 눈길이 더 갔습니다. 할머니는 일반 등산화를 신지도 않았고 몸빼 바지를 입고 흰 수건을 머리에 두르고 그리고 털신을 신고 있었어요. 기이하다면 기이한 이 차림의 할머니는 목이 마른지 막걸리를 한 사발 쭈욱 들이켰어요. 할머니한테는 썩 어울리는 차림새였지요. 그 몸으로 할머니는 빼빼마른 다리를 깐죽깐죽 나는 듯 산을 내려갔어요.

우리도 막걸리 생각이 나서 빨리 도깨비 식당으로 가야겠다는 생각이 들었어요. 왜 도깨비 식당이냐고 물었더니 한 끼 점심식사가 끝나면 비닐하우스가 없어져버린다는 거예요. 그러니까 도깨비가 곡할 노릇이라고 해서 도깨비 식당이라고 한다네요. 밥 먹으러 간다고 11시50분까지 가서 줄을 서야 된다는 말에 서둘러 내려갔는데 과연 비닐하우스 앞엔 백화점 현관 앞에서나 벌어질 듯한 긴 줄이 꼬리를 물고 서 있었어요. 진풍경이 아닐 수 없었지요. 정말 돼지 바비큐 파티가 벌어지고 있었지요. 돼지고기에 반찬이라곤 고추 마늘 썬 거 김치가 전부였는데 허기진 뱃속을 채우기는 그만한 음식이 없었습니다. 정신없이 먹고 막걸리를 한 잔 들이키고 하는 사이에 음식은 삽시간에 동이 나버리고 어느새 먹은 그릇 깨끗하게 설거지를 마치자 사람들은 두둑한 배를 두드리며 다시 산을 내려가기 시작했습니다. 우린 그 틈바구니 속에서 도깨비에 홀린 듯 서 있을 수밖에 없었지요. 참 신기한 경험이었습니다.

겨울 숲에 대한 단상

며칠, 전 벗은 숲을 보면서 몇 년 전 가을을 떠올리고 있었어요. 벌써 몇 년이 지났는데도 그 가을의 쓸쓸했던 기억을 잊을 수가 없어요. 저한테는 아주 힘든 가을이었으니까요. 그런데 지금은 산기슭에 잔설이 남아 있는, 겨울이 한창인 1월이에요.

그 해 가을에 접어들면서 나뭇잎들은 하루가 다르게 떨어져 쌓였어요. 가랑잎도 떨어지고 신갈나무에서 나던 바람소리도 사라지고 등나무 잎이며 굴참나무 잎이며 생강나무의 넓은 잎마저도 다 떨어지고 이제는 그 나무가 무슨 나무였더라, 싶을 정도로 숲은 휑한 모습을 드러내고 있었어요. 마치 동생의 듬성듬성 한 머리칼처럼. 우리는 정자각이고 어디고 마른 잎들이 앞 다투어 스스로의 몸에서 마른 잎을 떨구어 내는 모습을 바라보고 있었어요. 계절은 사람보다 앞서 자연의 이치를 기민하게 알아차리고 거기에 대한 준비를 했습니다. 나무들이 월동 준비에 들어간 거죠.

그렇게 빛나던 여름의 숲이 어느새 울긋불긋 가을 색을 띠더니 푸른빛을 잃고 광합성으로 푸른 입김을 힘차게 뿜어내던 열기도 없어지고 잔잔하고 조용하게 깊은 강물 속을 흐르는 물처럼 조용히 가을은 왔습니다. 많이 쌀쌀하여 추워 추워, 하던 동생이 더 많은 옷을 껴입었어요. 셋째가 선물로 준 등산복을 입고 동생은 제 남편과 함께 숲을 찾았어요. 한 번도 제대로 된 등산이나 하다못해 근교에 있는 산에라도 올라본 적이 없는 동생은 몸에 병이 든 후에 처음으로 등산복을 차려입고 산을 올랐습니다.

저는 가끔 그렇게 정신없이 사는 동생이 안 되 보여 잔소리를 하곤 했어요. 우리 이제 이사만 가면 여행도 다니고 즐겁게 살자, 인생 불혹 뭐 있어 이제야 제대로 인생의 맛을 느끼며 사는 거지, 하면서 산다는 것을 만만하게 대해 왔던 것도 사실이었어요. 그냥 그렇게 주야장천 우리들의 시대가 펼쳐질 줄 알았어요. 너무나 오만했던 것일까요? 인생 그까짓 것, 하면서 살았으니. 때로는 눈물을 흘리고 때로는 마음이 아프고 때로는 괴롭고 슬픈 일이 없었던 것은 아니지만 이렇게 막상 큰일을 겪고 보니 이제야 철이 들고, 산다는 것에 대해 좀 더 진지하게 생각할 수 있었던 것 같습니다.

쌓인 낙엽을 쓸어내려고 더러워진 정자각에 4천 원짜리 빗자루도 하나 매달아 놓았습니다. 쌓인 낙엽을 쓸기도 하고 난간 걸레질도 하고 누워 지내기도 하면서 하나 메달아 놓은 빗자루를 보니 그렇게 기분이 좋을 수가 없었습니다. 꼭 착한 일 하고 어른들한테 칭찬받는 아이처럼 스스로 기특하고 대견하여 갈 때마다 낙엽을 모으고 정자각 주변을 내 집 앞마당처럼 쓸곤 했습니다.

어쩌면 어린 시절 마당 쓸던 추억이 떠올라서인지도 모르지만 우리는 부지런히 쓸고 닦고 청소를 했습니다. 이왕이면 싸리비였으면 좋겠다 라는 생각을 하면서도 주변에 싸리나무가 보이지 않아 일단 정자에 저 맘대로 쳐들어온 무법 낙엽을 쓸기에는 플라스틱 빗자루를 사용할 수밖에 없는, 그 부조화를 견디어 냈습니다. 찾아보면 싸리나무를 근처 어딘가에서 구할 수 있을 것이다, 그때는 싸리나무로 이 마루를 쓸어야지 하는 다짐을 했습니다. 하지만 가을이 다가도록 싸리나무 한 묶음 구할 수 없었어요. 우리가 오르내리는 등산로에는 싸리나무가 없었습니다. 그나마 함부로 벨 수 있는 것이 아니라서 아무것이나 베기만 하면 법에 걸리고 벌금을 내야 되는 상황이었으니까요.

하늘은 점점 높아만 가고 날은 차져가고 그리고 예뻤던 동생은 병원에 한 번 들어갔다 나올 때마다 기운이 빠지고 그래서 더욱 외롭고 쓸쓸한 가을을 맞고 있었습니다. 더위도 저만큼 달아나고 모기입이 비뚤어진다는 처서도 저만큼 물러가고 물기가 말라 우리 몸에도 벌써 각질이 일어나곤 했지만 가끔 하늘이 맑은 날은 먼 들판을 바라보면서 또는 도서관 옥상 벤치에 앉아 제 외로움이나 슬픔과는 상관없이 무심히 흘러가는 구름이나 풀섶 속에 피어있는 꽃들을 바라보고 있자면 괜히 눈물이 나곤 했어요. 제가 아파 죽겠는 것도 아닌데 저와 상관없는 그것들은 제 아픔을 아무도 알아주는 것 같지 않아서, 동생을 생각하면 마음이 아프고 애잔해서, 한없이 외롭고 쓸쓸했습니다. 단순하게 동생의 아픔에 대한 것이 아니라 제 가족의 슬픔이라서가 아니라 그냥 큰 병 앞에서 무력해지는 보잘 것 없는 인간에 대한 연민이 밀려왔던 것 같습니다. 몇 년이 지난 일이건만 때로 빛 부족한 겨울날에 그 쓸쓸한 가을날이 생각나곤 합니다.

바람소리

옛날에 우리의 조상 중에 윤동주 라는 사람이 살았단다.
그는 정직하게 생긴 얼굴에 마른 몸과
눈빛마저 맑아서 왠지 이 세상사람 같지 않았단다.
눈에 흰 기운이 도는 그의 사진을 보면서 늘 쓸쓸했더랬다.
그가 오래는 아주오래-는 살지 못했던 이유가
그의 얼굴에 비친 정직 때문은 아니었을까
눈망울 속에 떠 있는 흰자위는 깊이 침잠하지 못하고
언젠가 떠나야 할 것처럼 서성이는 것이
늘 쓸쓸한 마음이 들었더랬다.
그가 일본의 한 형무소에서 그의 몸이 인체실험용으로 쓰였다는
후손들의 주장을 들으며
아 후쿠오카, 했더랬다.
그날이,

삼나무 숲에서 불어오는 바람이 들창에 머무는 소리를
들었더니, 그래서 그랬던 걸까
따뜻한 바람을 몸으로 느끼며
윤동주 라는 조상이 내가 거기에 있음을 알아차렸던 것일까
후쿠오카의 후쿠이 현
서늘한 저녁 무렵 인적 없는 그 다다미방에서
온밤 내 창문을 두드리는 소리 들었더랬다.
내 몸뚱어리 속에서
그의 피와 살이 조금은 섞여 있을 바람 속에서
내내 가슴 쥐어뜯는 그의 음성 들은 듯하였다.
스물아홉 창백한 청년이 내가 온줄 어떻게 알고
이역만리 창문을 두드렸던 것일까.
그날 왜 그런 생각이 들었는지
나는 돌아와서
다시 십자가를 읽었고 사랑스러운 추억을 읽었다.
젊음은 오랫동안 그곳에 머물러 있거라.

안녕하시냐고 그렇게 묻고 싶은데 아무래도 불안하여지는 요즘입니다. 어느 겨울 일본여행을 갔다가 적어둔 글이 갑자기 쓸쓸함으로 다가와 그날의 여행소감을 잊지 않고 싶어서 보냅니다. 사람이 산다는 것에 대해 좀 무방비 상태로 그저 내버려 둘만한데 그렇지 못함은 소심한 성격 탓도 있어서 늘 전전긍긍하면서 사는 것 같습니다. 마음 비우기가 쉽지 않은 일이

죠. 마음은 쓸쓸한 사람인데 겉으로 드러나는 모습은 늘 씩씩하고 힘차서 다른 사람들이 저를 늘 씩씩한 사람으로 생각해주는 것 같습니다. 그 마저도 늘 고마운 일이죠. 요즘 낙엽이 수북하고 휑한 숲길을 걸으면서 늘 쓸쓸한 생각이 듭니다. 언제 이 낙엽들을 헤치고 씨앗이 싹을 트고 나오나 걱정이 되기도 한데 벌써 꽃이 될 날을 꿈꾸는 꽃눈이며 잎이 될 날을 꿈꾸는 잎눈들은 한 겨울 한파 속에서도 눈 비 다 맞아가면서 금세 나올 준비를 단단히 하고 있는 것을 보면서 기특하고 대견하여 눈물이 나올 지경입니다. 연약한 식물도 하물며 견디어 온 겨울인데 당신도 한 겨울 무사히 잘 넘기고 꽃피는 봄이 오면 그때 얼굴 한번 뵈어 주어요. 이 겨울은 윤동주전집이라도 읽으면서 외롭지 않게 지내시길 바랍니다.

봄날은 간다

45인승의 대형버스 한 대에 절반도 차지 못한 승객을 싣고 버스는 곧 출발 할 기세였습니다. 아침 8시에 출발하기로 한 버스는 진주에서 올라올 한 사람을 태우기 위해 삼십 분씩이나 지체하고 있었지요. 하지만 사람들은 그리 초조해 하지도 않고 느긋하게 기다리고 있었습니다. 아니 기다리고 있다기보다는 그 동안 격조했던 사람들의 안부를 묻느라 정신이 없었습니다. 다들 꽃단장을 하고 나와 버스 안은 꽃이 핀 듯 눈이 부셨습니다.

그 와중에 저는 진주서 올라오고 있는 당신께 전화를 했습니다. 어디쯤 오고 있는지 궁금해서요. 사람들은 말은 하지 않아도 기다리는 게 역력한데 어느 정도 기다려야 되는지를 알아야 그나마 조급한 마음이 가실 것 같았습니다. 귀가 어두워 자칭 귀머거리라 부르는 당신이 전화를 받습니다. 아마도 예의바른 당신은 가뜩이나 늦었는데 그 미안함이 앞서서라도 우선 전화기를 얼른 귀에 갖다 댔을 거라고 짐작합니다. 당신은 틀림없이 보청기를 귀에 꽂고 왔을 것이기 때문입니다.

"여보세요?"

"예, 어디쯤 왔어요?"

"다 왔십니다. 정문입니다."

"네 그래요. 어서 오세요. 다들 지금 도착 했습니다."

나는 당신 성격상 괜히 미안해 하리라라는 것을 알기 때문에 짐짓 아무렇지도 않은 듯 말했습니다. 하지만 귀가 나쁜 대신 눈치와 눈이 밝은 당신은 금세 사태파악을 했습니다.

"아 고마 미안합니다. 늙은 것이 주책이제요."

"아니 다들 지금 왔답니다."

미안해하는 당신이 무안할까봐 다들 한마디씩 건넵니다. 밖에는 할랑할랑 바람이 불고 있었습니다. 그런데 그 바람이 참 요상했어요. 아무리 봄날에 부는 바람이라고는 하지만 정말 휘젓듯 불었어요. 취객 꾼의 갈 지가 걸음처럼 휘청휘청 허청허청, 그런가하면 흔히 봄바람을 미친년 널뛰듯 한다고 하는데 꼭 그 비유가 맞는 말이라도 하는 것처럼 아무렇게나 저 맘대로 바람이 이리 불었다, 저리 불었다 하는 날이었습니다. 그 바람에 막 지려고 한 벚꽃은 포로로포로로 이리저리 어지럽게 날리고 있었습니다. 점잖은 느티나무도 술 취한 사람처럼 이리 흔들리고 저리 흔들리고 흡사 허리를 휘둘리다 못해 훌라후프 돌리는 것처럼 머리까지 휘돌리고 허리는 왼쪽으로 고개는 오른 쪽으로 휘둘리며 아우성을 치는 바깥과는 달리 버스 안은 그런 풍경마저도 영화 속 인양 고즈넉했습니다. 사람들의 표정도 무심했습니다.

그렇게 다양한 사람들이 모였던 터라 그중 제일 막내격인 저는 강원도 평창이라는 말에 그리고 이효석을 간접적으로 만날 수 있지 않을까 싶은 반가운 마음에 그리고 거기에 오대산 월정사를 덤으로 박경리 토지 문학관까지 둘러볼 수 있다는 말에 혹해서, 그만 똥밭이라도 이효석이거나 박경리라면 금세 엎어질듯 그 여행을 간다고 결정을 하고 말았습니다.

버스 안에는 젊은 사람, 나이든 사람, 결혼 한 사람, 안 한 사람, 여자, 남자, 퇴직 교장 선생님, 나이 스물둘에 수녀가 되려다가 몸이 아픈 통에 그만 수녀도 못 되고 고스란히? 처녀로 나이 들어 버린 칠십도 넘은 할머니와 아직도 팔십의 나이로 명예교수직을 놓지 않고 있는 퇴임 교수와 그 퇴임교수를 좋아하는 올해로 딱 칠십 먹은 최은희 저라 가라 하는 패션을 자랑하는 할머니에, 꽃분홍 양산을 들고 꽃분홍 원피스에 삐딱구두를 신고 온 시낭송을 한다는 여자에 아파트 상가에서 문구점을 하는 아직도 결혼을 안한 아, 아니 결혼을 했는데 이혼 한 경력이 있는 여자와 거기다가 자칭 시인이라고 불리는 등산복으로 모양을 낸 여자와 보태어 스님까지 그것도 눈이 부시게 뛰어난 미모를 자랑하는 비구니. 그리고 그 미모의 비구니와 자칭 동거를 하는 꽁지머리를 한 육십 대의 불목하니까지. 참 다양한 사람들로 구성된 버스안의 사람들이었습니다.

한사람 한 사람 따져보면 개별적인 것 같지만 또한 또 맬겁시? 한 버스를 탔겠습니까? 뭔가 무슨 이유가 있어서 그리 된 것이지요. 연관이 있어서 그래서 그런 것을 생각하다보니까 퇴임교장의 하숙집 딸과의 로맨스?도 30장 원고지는 채울 것 같고 그저 간지럽기만 노교수 얼굴에 침을 튀기며 시를 낭송하는 여자의 얘기로도 30매는 메울 것 같고 최은희 저리가라 하는 패션을 자랑하는 할머니의 황혼의 연애담도 30매는 쓸 것 같고 환갑을 넘긴 꽁지머리 남자의 갓난아기를 신문지에 둘둘 말아 묻은 그 이야기도 원고지 30매는 채울 것 같고 가끔 아내 몰래? 산부인과에서 태반주사를 맞고나오는 황혼의 퇴직 노교수 이야기만 해도 30매는 넘을 것 같고 제2의 사춘기를 맞고 있는 거실에서 난닝구만 입고 해바라기를 하면서 새삼스럽게 찾아온 갱년기의 우울증을 달래고 있는 쉰이 넘은 여자의 이야기로도 30매는 채울 것 같고 결핵 때문에 수녀가 되지 못한 노인의 이야기로도 30매는 넘을 것 같았습니다.

특히 스님의 음담은 아주 재미있고? 신선한 충격을 안겨주었습니다. 감히 그 안에 타고 있는 사람들 누구 하나 미모의 여스님이 그렇게 해괴하고? 속물적인 음담을 그렇게 재미나게 할 수 있으리라 생각이나 했을까요? 스님 관찰하느라고 배꼽을 뺐습니다. 제 눈에 걸리면 누구하나 제 머릿속에서 빠져나갈 수 없었습니다. 스님도 스스로 뭇사람들을 조정하는 조정자 역할을 하는 것 같지만 실은 글 쓰는 사람들 앞에서 그 이상한? 미모의 스님은 그녀의 독특한 개성 때문에 제 포획 망에 걸려들어 무수히 관찰 되어질 수밖에 없었습니다. 버스는 산모롱이를 돌아 들을 지나더니 내를 지나고 다시 산모롱이를 돌아다니다 보니 해는 뉘엿뉘엿 산으로 넘어가고 있었습니다.

버스는 엉뚱하게도 늦은 시간을 해매이다 꽃밭에 우리를 떨구워 놓았습니다. 강변 너머로 붉은 노을이 탐스럽게 지고 있었어요. 노을이 탐스럽다고 느낀 것은 처음이 아니지만 유별나게 붉은 노을은 부유스름한 꽃 산으로 한 송이의 붉은 양귀비꽃처럼 처연하게 넘어가 있었지요. 더군다나 그 붉은 기운의 반쯤 넘어간 모양이라니, 사람들은 환호성을 지르고 숨을 멈추었습니다. 봄날은 그렇게 저물어 가고 있었지요.

그녀의 등

꽃마리, 꽃다지, 진달래, 목련, 때죽, 백당, 불두화 온갖 꽃들이 지고 신록이 싱그러운 유월이 되었습니다. 5월의 화사함을 뒤로하고 저만큼 아름다운 유월이 할랑 할랑 오고 있었습니다. 그렇게 화창한 유월 오후 난닝구?를 걸친 순녀의 등에 따스한 햇살이 내리쬐었습니다. 오전에는 따뜻한가 싶던 햇살이 정오를 넘기면서 햇볕은 지글지글 프라이팬처럼 달궈지고 있었습니다. 태양열 집광판처럼 동네 햇볕은 죄다 순녀의 등으로 달려들었습니다. 순녀는 하루 종일 거실에서 해바라기를 하고 있었습니다. 그러고 있자니 순녀는 자신의 등이 집광판처럼 생각되었습니다. 하긴 순녀는 그것과 다를 바 없는 세월을 보냈습니다. 여태 자신이 집광판이 아니고 무엇이었으랴 싶은 것인데요. 자식 셋을 낳아 하나는 의사를 만들고 하나는 교수를 만들고 하나는 공무원을 만들었습니다. 순녀의 등이 없었다면 어림없는 이야기였습니다. 그 아이들을 혹처럼 등에 업고 여기 저기 쫓아 다닌 것만 해도 얼마만한 시간이었던가, 어릴 때부터 온갖 학원이라는 학원과 과외라는 과외는 죄다 쫓아다니며 아이들을 키웠습니다. 행여 그 공부 때문에 다른 곳이 소홀할까봐 순녀는 어릴 때부터 아이들에게 수영이다 피아노다 심지어 줄넘기, 축구까지 과외를 시켰습니다. 그래서 아이들은 순녀가 이끄는 대로 잘 따라주어 풀리기도 술술 잘 풀렸지요. 사회가 원하는 아이들이 된 것입니다. 물론 그것은 순녀가 원하는 일이기도 했습니다.

그래서 지금 남부럽지 않게 누구 앞에서든 우리 아들은 일류대를 나와 의사 되고 교수 되고를 심심하지 않게 입에 달고 살게 되었고 이만하면 성공한 케이스라고 친구들은 입이 마르게 칭찬을 해댔습니다. 순녀는 친구들에게 '얄미운 년' 이란 소리를 들으며 시샘 아닌 시샘과 질투를 한 몸에 받을 만큼 부러운 여자가 되었지요.

일류대를 들어간 그 감격이 죽을 때까지 자랑을 해도 모자람이 없을 것 같았는데 순녀는 요즘 같으면 꼭 죽을 것만 같았습니다. 아무것도 하기 싫고 의욕도 안 생기고 친구들의 부러움도 왠지 아무것도 아닌 것처럼 느껴지고 살아온 인생이 무의미해졌습니다. 우울하고 외로운 게 꼭 미칠 것만 같았습니다. 그렇다고 남편이 못하느냐 하면 그것도 아니고 아이들이 제 갈길 잘 나가고 있고 용돈도 듬뿍 주었고 남부러울 것이 없었지만 순녀는 외로워서 숨이 넘어갈 지경이었습니다. 밤마다 혼자 커다란 집을 지키고 있을 때면 늘 공허한 생각만 들었습니다. 늘 구멍이 숭숭 뚫려 돌담에 바람 드나들 듯 허허로운 것이 허전하기만 했습니다. 귀가가 늦은 남편도 늘 바쁜 첫째도 연애에 빠져 엄마가 외로운지 어쩐지도 모르는 둘째도 친구들을 만나고 다니느라 시간가는 줄도 모르고 늘 자정이 다 되어서야 들어오는 셋째까지도, 아무도 순녀의 등짝에 바람이 들락거리는 것을 알아채지 못했습니다.

등짝에 내리쬐는 샛노란 햇살이 노릿노릿 익어갈 무렵 순녀는 끝내 눈물 한 방울을 떨구었습니다. 미치겠다고 외로워서 미치겠다고 소리치고 싶었습니다. 내리쬐는 햇살을 순녀는 등으로 다 받아내며 시름을 달래고 있었습니다. 햇볕을 쏘여 봐, 라고 누군가 우울한 기분을 가시게 하는 처방이라고 일러주었습니다. 그러면서 꼭 그렇게 해 보라는 것이었습니다. 하지만 그래도 순녀는 외로웠습니다.

등짝에 큰 아이를 업고 둘째를 재우고 보채는 셋째를 달래며 순녀의 등이 아이들을 키웠습니다. 그렇게 키운 자식들은 너무나 바빠 엄마에게 우울이 찾아왔는지 엄마가 몇 살이나 먹었는지 관심조차 없었습니다.

여기저기 전화질을 해봐도 다 바쁘고 친구들도 마찬가지로 우울한 이야기를 하다가 끝내 각자 전화를 끊고 외로워 외로워하면서 굼벵이처럼 또 하루를 보내고 있었습니다.

벌써 해는 다 지고 대충 저녁을 때우고 텔레비전 채널을 이리저리 돌려가면서 봐도 남편을 비롯한 식구들은 한 사람도 들어오지 않았습니다. 칵, 칵, 칵, 거실벽시계의 초침이 자정을 넘기고 있었습니다. 자정을 넘기고 있는 시계를 바라보며 순녀는 생각했습니다.

인생은 늘 해피엔딩으로 끝나지 않는다는 것을, 사실은 오늘 순녀의 오십 다섯 번 째 생일이 지나가고 있었습니다.

천변풍경

처음 이사 와서 천변이 보여주는 풍경은 남다른 것이었어요. 제가 이곳에 이사 왔을 때는 가물어서 강에 물도 그다지 많지 않았지만, 사방이 산으로 둘러싸여 있어 분지를 이루는 도시는 그래도 사람들의 말에 의하면 치안도 괜찮고 살기 좋다고 소문난 곳이었지요. 그런 점에서 볼 때 저도 이곳에 이사 온 걸 참 잘한 결정이었다고 생각하고 있었어요.

때는 바야흐로 3, 4월 봄이 다 지나가고 있어서 곧 초여름에 접어들 기세였어요. 오후부터 천변에는 주변 아파트에서 몰려나온 사람들로 제법 붐볐습니다. 강아지를 끌고 나온 사람, 아이들과 함께 나온 가족들, 손잡고 나온 노부부. 젊은 아베크족까지, 운동복을 입은 사람 정장을 입은 사람 간단한 평상복 차림의 사람들로 활기를 띠었어요.

동서를 가르고 있는 물줄기 위로 다리가 놓여 있어 그 다리를 관통하는 도로가 뚫려 있었어요. 밤이면 엑스포 과학 박람회가 열렸던 90년에 만들어진 다리가 현란한 불빛을 발하며 그 위용을 자랑하기도 했습니다. 다리는 이 도시의 자랑이기도 했는데 파스텔 톤의 빛을 발하는 두 개의 아치형 교량에 조명을 설치해 한층 멋을 더했습니다.

또한 이곳은 사람들이 즐길 수 있도록 물과 잔디가 어우러진 주변 환경을 이용해 물을 가둬두는 보에 물이 찰방찰방 하도록 가둬두었습니다. 그 보에는 어른 팔뚝만한 물고기며 붕어, 잉어, 누치 등 이국에서 건너온 베스까지 다양한 물고기가 살고 있었어요. 물론 그 물고기들이 존재하는 한 새들도 이곳이 먹이 공급처가 되었지요. 중대백로, 해오라기, 쇠오리 등 이 새들이 먹이를 잡아먹으려고 목을 쭈욱 뽑아 올려 포획거리를 찾고 있는 광경은 이곳에서 흔히 볼 수 있는 광경이었습니다. 물고기들이 자라는 천변에는 200미터 정도 되는 징검다리가 있었는데 천변의 명물이기도 했습니다.

얼마 전에는 우기에 접어들어 천변의 물이 넘쳐 갑자기 밀려온 개천에 쓰레기더미가 쌓이기 시작했어요. 이 도시의 특성상 분지를 이루고 있는 구조 때문에 사방의 산에서 내려온 물들은 죄다 이 강으로 모여들었지요. 하루 200밀리 이상 퍼 부은 호우에 이 강은 견뎌내지 못하고 역류한 것입니다. 그 역류물들은 인간의 토사물처럼 잔디밭에 쫙 깔렸고 어디선가 떠내려 온 김치통, 나무 등걸, 갈대 마른 잎, 의자 부서진 것 온갖 쓰레기들이 밀려왔어요. 거기에 메뚜기며 여치 사마귀 풀무치, 미꾸라지 달팽이까지 갖은 벌레들이 나와 잔디밭에 나뒹굴기도 했어요. 엄청난 물 때문에 남생이 같은 물고기도 기어 나오고 급물살에 미처 의지할 곳을 찾지 못한 물고기들이 우레탄 바닥에 쏟아져 나와 헤매고 있었습니다.

비가 그치자 시에서는 청소부대?를 동원해 금세 진흙으로 얼룩진 산책

로와 온갖 나뭇가지 마른 잡풀들로 어질러진 잔디를 깨끗이 치웠버렸습니다. 천변은 언제 그랬느냐는 듯 일상을 되찾아가고 있었지요.

우기가 지나고 다시 땅 속에 태양을 묻어 두기라도 한 듯 땅이 펄펄 끓을 듯한 열기의 나날이 계속 되자 사람들은 다들 집 안으로 숨어들었습니다. 간간히 이글거리는 아스팔트길을 차들이 다니긴 했지만 더위 때문인지 느릿느릿 지나다닌 것처럼 느껴졌습니다. 건물도 땀을 삘삘 흘리고 있을 정도로 엄청난 더위가 찾아왔지요. 사람들은 낮에는 집에서 낮잠을 자고 밤에는 엉금엉금 기어 나와 이 천변에서 강바람을 쏘이며 몸을 식혔습니다.

집에서 불울 피워 무얼 해 먹는다는 것은 엄청난 고통과 짜증을 안겨다 주었습니다. 무더운 날이 계속 될수록 끼니를 대충 때우는 버릇이 생겼고 밥이 도무지 목구멍으로 넘어가지 않는 것이었어요. 무더위에 짜증나서, 움직이면서 무얼 한다는 자체가 힘들었어요. 그래서 대충 때우려고 국수나 삶아대고 오늘은 맹물에 풀어서 후루룩 후루룩 마시고 다음 끼니는 시어빠진 열무에 대충 무쳐 먹고 그다음 끼니는 콩물 사다가 또 섞어 먹고 몇 끼의 부실한 식사를 밀가루로 때우던 아이들이 엄마, 내가 염소야? 양이야? 밀로 만든 가루 떡이나 먹게 아, 맛없어, 밥 먹고 싶어. 엄마 김치찌개에 밥 해줘. 정말이지 그럴 때 아이들을 열두 대씩 때려주고 싶었습니다. 느덜 맘대로 해 먹든지 말든지, 하기야 그래놓고도 밥 할 생각은 안 하고 간밤에 열대야로 잠 못 이루다 늦게 잠든 탓에 아침은 더 늘어져 9시나 되어야 잠에서 깨어 엉금엉금 주방으로 세탁실로 다니다 오늘도 밥은 먹기 싫고 바나나 푹 익은 것 가지고 우유 따라 붓고 더 간단하게 바나나주스 한 잔으로 아침을 때우고 아이를 밖으로 내 보냈지요. 그런 일에 지쳐가고 견딜 수 없게 되었습니다.

그런 날이면 천변을 따라 뛰었어요. 강바람이 시원하게 불어왔어요. 허리를 곧추세우고 앞턱을 당기고 가슴을 들어 올려 한껏 폼을 재며 뛰었지요. 한참을 달리자 숨이 턱까지 차올랐지만 그래도 우레탄 바닥까지 이를 악물고 뛰었어요. 숨이 멎을 것 같았어요. 약 4킬로미터를 그냥 뛴 것이죠. 한 숨을 고르고 고개를 숙여 무릎에 손을 얹고 헉헉거리고 있을 때 웬 먹구두 하나가 내 발을 살짝 밟고 지나갔어요. 이런, 아프진 않았지만 절로 그런 소리가 새어 나왔지요. 이웃집 규리네가 손을 흔들며 지나가는 것이었습니다. 그게 규리네 나름의 인사법이었습니다. 나도 숨을 몰아쉬며 손을 흔들어 주었습니다.

뛸 기력을 잃고 에너지는 다 소진 되어버렸고. 다리 아래서 천천히 걷고 있는데 다리 건너 공원 쪽에서 노랫소리가 들려왔어요. 그 노랫소리가 듣기 좋아 둑에 앉았어요. 숨을 고르고 천변에서 불어오는 바람을 맞으며 노랫소리를 듣고 있자니 더위도 견딜만하고 기분도 새로워졌습니다. 때로는 더위 잊는 방법으로 천변에 나와 건너편에서 들려오는 공짜 음악도 꽤 들을만 하다는 생각이 들었습니다.

천변의 밤풍경은 여전히 아름다워요, 지금도.

불청객

무더위가 기승을 부리는 요즘입니다. 서울 경기지역은 비가 많이 와서 수해가 났다고 하는데 여기는 글쎄요? 물이 부족한 상태인 것 같아요. 땅이나 숲에서 물이 증발하는 것 보다 비가 적게 오는 것이 아닌가 싶습니다. 나라 안에서도 어디는 물난리가 나고 어디는 가물고 하는 것 같아요. 삼복염천(炎天)에 탈 없이 잘 지내시는지요. 갑자기 안부가 궁금해지는 요즘입니다.

며칠 전에 남편이 어디 더워 살겠냐고 밤에 TV를 보다 말고 어디 물가라도 다녀오자고 해서 간 곳이 새여울 대청댐에 가서 멱도 감고 놀다 왔네요. 그쪽엔 물이 많아서 그런지 모퉁이만 돌아서면 냉장고에서 냉기가 흐르듯 시원함을 느낄 수가 있어요. 그 느낌을 받아보려면 일단 창문을 열어놓고 가면 몸소 느낄 수가 있고 그 차이를 알 수 있어요. 아마도 물의 냉기와 대기의 기온이 만나 서로 교류하는 과정에서 시원함을 느끼는 거겠지요.

아직 피서는 못 갔지만 날마다 어떻게 이 무더운 여름을 날까? 지혜를 짜고 있긴 해요. 무더위를 이겨내는 방법 중 가장 좋은 것은 피하려고만 하지 말고 덤비?는 것도 괜찮은 것 같아요. 매번 덥다고 에어컨디셔너에 의존하면 이 더위에 적응을 못하겠더라구요. 그리고 더위에 대한 면역력도 떨어지고요. 미용에 관심이 많은 사람들은 강한 햇볕에 타는 것이 걱정이기도 하겠지요. 하지만 건강만을 생각한다면 적당한 햇볕은 비티민 D를 합성하여 몸에 이롭다고 하니 또한 권해 볼만 합니다.

그러고 보니 몇 년 전에 매미가 째지게? 울어대고 모기가 맛난 피를 쪽쪽 빨아대서 온몸에 상처투성이던 그 해 여름 초등학교 2학년인 조카의방에서 여름날을 지낸 적이 있었어요. 새삼 이 무더운 여름에 멀리 미국에서 사는 조카는 잘 있을까 생각하니 조카의 방에서 불청객으로 묵었던 여름이 생각나네요. 손님은 갈수록 좋고 눈은 올 수록 좋다는 우리 속담이 있는데 조카가 모처럼 새집으로 이사를 가서 저만의 방이 생겼는데 이사 간 지 얼마 되지도 않아 모처럼 생긴 자기 방에 번갈아가며 손님이 북새통을 이루니 속이 상할 만도 했습니다. 천장에는 별도 달아주고 예쁜 침대도 놓아주고 멋진 책장도 놓아주고 서랍장이며 저금통이 놓인 책상, 부드러운 불빛이 나오는 스탠드 등 조카는 처음으로 제방이 생긴 것에 대해 즐거워했습니다. 그리고 밤이면 그 방에서 자는 것을 좋아했지만 조카의 방은 온전히 자기의 방이 되지 못했습니다. 방의 주인이 된 기쁨도 잠시 조카의 방은 곧 바로 손님들의 객사가 되고 말았지요. 동생이 병중이어서 서울 할머니, 부천 할머니, 대전 이모, 삼촌들이 번갈아 가면서 와서 자고 가는 바람에 방 주인은 실망이 아주 컸습니다. 그나마도 조카는 모처럼 제 방에 들어온 불청객들을 어떻게 할 도리가 없었지요. 그들은 모두 자기보다 막강한 힘?을 가지고 있었고? 정신으로나 몸 쓰는 것으로나 어떻게 할 수 없는 존재들이었기 때문입니다. 힘으로도 도리 없었고 마음으로라도 어쩔 도리없었지요. 그래서 부족하나마 한 가지 묘안을 짜낸 게 방 값을 받는 일이었어요. 참 웃기게도 조카는 그 묘안을 짜내고 슬슬 실천에 옮기기 시작했습니다. A4 용지 한 장을 꺼내다 침을 묻혀가며 커다랗게 연필로 써내려갔습니다.

한 밤 자기 500원

한 번 들어가기 100원

두 밤 자기 1000원

할머니, 할아버지는 공짜!!

조카는 회심을 미소를 지으며 투명 테이프를 가져와 자기 방문 앞에 턱하니 붙여두었습니다. 그러고서는 방문을 들어가는 기척이라도 나면 돈을 요구했습니다. 그것도 자신과 멀고 가까운 친척을 가려 받는 지혜?도 발휘했습니다. 할머니는 공짜이고 그 외 다른 사람들은 적어둔 대로 돈을 받았습니다. 할머니와 할아버지만 공짜로 묵을 수 있는 방이었습니다. 일종의 특혜라면 특혜인 셈인데 누구하나 반발하는 이 없이 옛다, 500원 옛다, 천원하면서 기꺼이 손바닥에 쥐어주었습니다. 그러면 조카는 고맙습니다! 하면서 동전이며 지폐를 받아들고는 책상에 놓인 저금통에 저금을 했습니다.

그렇게 받은 돈은 동전이든 지폐이든 간에 조카의 저금통으로 들어가 돼지 밥이 되었습니다. 동전은 똥그랑 소리를 내며 들어가고 지폐는 세종대왕이고 이황이고 다 구겨져 들어갔습니다. 그러면서 동전 한 개, 지폐 한

장을 넣을 때마다 조카는 읊었습니다. 티끌모아 태산, 이라고.

현승아, 그 돈 모아서 뭐 할 건데 그렇게 모으니, 하면 조카 왈, 나중에 집 살 거예요, 라고 대답을 하는 조카가 기특해 용돈을 더 챙겨주곤 했습니다. 어른들이 그렇게 준 돈은 그 이후 어떻게 되었는지 알 수는 없습니다. 모처럼 생긴 자기 방에 대한 애착과 야물게 돈을 저금하던 아이의 마음과 그리고 그렇게 덥던 그 해 여름에 불청객으로 그 객사?에서 묵었던 그 무덥던 여름날이 추억처럼 생각납니다. 그 이후 가족의 노력도 없이 하늘나라로 가버린 엄마 잃은 아이가 건강하게 잘 자라 주기를 멀리서 마음으로나마 빌어봅니다.

또 비가 뿌리려나 봅니다. 여름비는 소잔등을 가르며 내린다고 하는데 소나기가 옵니다. 여름 잘 이겨내시고 마음 한 뼘 더자라기를 바랍니다.

창가에서

혹시나 하는 마음에 당신이 어찌되었을까봐 전화를 하였는데 당신이 계시냐고 묻는 내 말에 상대방은 안 계십니다, 합니다. 그 대답을 듣고 한참이나 말을 잇지 못하고 우물쭈물 하다가 겨우 정신을 차려 안 계신다고요? 되물어 확인을 하는 저를 발견하고 아, 이런. 저 스스로도 이 상황에서 무슨 말을 해야 하는지 한참이나 속으로 말을 정리하느라 혼났습니다.

"언제 그분이 가신건가요?"

하마터면 그렇게 물을 뻔했습니다.

"안 계신다고요?"

아이의 목소리가 멀어져 가고 "누고?" 수화기를 전해 받은 사람은 다름아닌 당신의 따님이었습니다. 그리고 제가 안부 차 전화 드렸다고 했더니 어머니는 병원에 두어 달째 입원해 계십니다, 하네요. 전 가슴을 쓸어내리며 이승과 저승의 강을 넘나들고 있습니다.

다시 저는 병원으로 전화를 합니다.

"안녕하세요. 접니다. 어떻게 지내세요."

"아이고마 반가버라, 내사 마 10월12일에 병원에 입원해와 지금까지인기라, 고마 이제 죽었구나 싶을 정도로 하늘이 노랗게 퍼렇게 물들어가는 것을 봤다마, 그래 내 명이 길라고 그랬는지 안즉 안 죽고 다시 안 살아났나? 꼭 죽는 줄만 알았다. 죽고 사는 기 마 한 순간이더라."

얼마 전까지 빨건피 노란피(혈소판 생성을 위한 액)를 넣느라 몸이 쇠잔해져 32킬로그램이나 나가던 몸무게가 그새 줄어 29킬로그램이 되었단다. 29킬로그램의 몸에서 쩌렁쩌렁 목소리가 울려올 때 저는 당신의 목소리처럼만 씩씩하게만 지낸다면 아주 오랫동안 더 살 수 있을 거란 생각을 했습니다. 하지만 몸은 29킬로그램인걸요. 제 몸무게의 3분지 1밖에 안 되는 몸무게로 당신은 온몸으로 외쳤습니다.

"마 내사 마 꼭 살아서 나 니 보러간데이. 기다리라 마."

그렇게 이제는 저 나락의 끝에서 살아 돌아와 쩌렁쩌렁 외치던 당신이 두루 살아 있는 사람들한테 하고 싶은 말은 지금 이 순간을 즐기라, 였습니다. 미루지 말고 기운 있을 때 힘이 있을 때 젊을 때 사랑도 하고 연애도 하고 책도 보고 농사도 짓고 여행도 다니고 하고 싶은 거 다 하고 살라 하십니다. 참 옳으신 말씀입니다. 진심으로 그렇게 생각합니다. 오늘 애써 기운을 낸 당신이 저를 비롯한 모든이에게 하는 충고는 오롯이 제 가슴에 들어와 박혔습니다.

"내사 마 이 아픈 중에도 고추도 심고 고구마도 심고 하였는기라, 고마 내가 병원에 와 버리는 바람에 그기 마 울 언니가 그 농사 다 거둬들였다카더라. 마 자라는기 하도 이뻐서 지은기라. 농사짓는 농부의 마음이 젤 이쁘데이."

아마도 꺼져가는 생명이라 새 생명에 대한 강렬한 의욕이 솟아난 건 아닐까요? 어떻게든 아름다운 세상 보고 싶어 명줄을 놓지 않은 것일 테구요.

그런데요, 땅에 넘어진 사람은 땅을 짚고 일어선답니다. 꼭 그렇게 일어설 거라 믿습니다.

요즘 사실 저도 많이 우울합니다. 자식 때문에요. 자식이 뭔지 그렇게 사랑스럽고 예쁘던 아이가 말끝마다 날이 선 말들을 던집니다. 날마다 서로 예민해져서 포효하는 들짐승처럼 물어뜯고 싸우고 하는 저를 내려다보면서 삶이라는 것이 뭐길래 마음 한번 내려놓으면 되는 것을 그러질 못하고 이렇게 싸우는 걸까 반성하기도 합니다.

그런 딸아이를 보면 엄마의 얼굴이 떠오르곤 합니다. 나도 저만했을 때 엄마한테 저렇게 대했을까? 만약 내가 그랬다면 엄마한테 용서를 빌고 싶고 죄송하다고 내가 철이 없었다고 그렇게 빌고 싶어요. 이상하게도 딸아이가 퉁명스럽게 말을 하거나 아예 작정하고 말을 받아 치거나 엄마의 어떤 말도 이해하려하지 않을 때는 정말 속이 상해 혼자 울기도 합니다.

아이가 태어난 사월 벚꽃처럼 눈송이가 날리고 있습니다. 하늘하늘 눈이 흩날리는 창밖을 내다보면서 저는 생각합니다. 그렇게 아름다운 날 태어난 아이가 스무 살이 되어 엄마 곁을 떠나려 하고 있는데 이제 모든 것을 다 내려놓아보자. 아이에 대한 집착도 욕심에서 비롯된 것 아니겠는가. 아이를 낳던 산고의 진통도 하늘을 날아갈 듯 기뻤던 순간도 병원 뜰에 내리던 벚꽃처럼 한 순간이었던 걸까요? 살면서 겪은 어떤 실패들이 아이에게 좌절로 돌아오지 않았으면 하는 바람입니다. 다만 아이가 헤쳐 나갈 수 있는 힘의 원천이 되었으면, 그게 긍정의 힘으로 작용했으면 더할나위없겠습니다.

신은 인간이 감당 할 만큼의 고통을 준답니다. 사실 몇 년 전에 제게도 감당하기 어려운 일이 찾아왔을 때 하느님은 주무시고 계신거야, 라고 신을 원망했던 적도 있었어요. 그 고통이 너무 힘들어서요. 당신에 비하면 내 고통은 아무것도 아니라는 생각이 듭니다. 하지만 각자의 위치에서 본다면 자신이 처한 처지에 눈이 달리기 마련이어서 그 처지만큼 고통스럽다고 합니다. 그러니까 남의 고통은 내가 어떤 어려운 처지에 놓여보지 않으면 느낄 수 없는 것들이겠지요.

꿋꿋하게 이겨내세요. 우리가 제주도에서 텃밭을 가꾸며 한라산을 오르는 그 날까지 살아계셔야 해요. 긍정의 힘을 믿고. 누구에겐가 제 작은 말 한마디가 살아갈 힘이 된다면 그 이상의 위로는 없겠지요. 자신이 어려울 때 이 세상에 그 빛나던 사람들이 모두 외면하는데 그 중에 한 사람 당신의 손을 잡아 주었을 때 그 손에서 전해지는 온기가 마중물이 되어 꺼져가던 불씨가 활활 타오르는 기적 같은 일도 일어나기도 하는 게 세상인 것 같아요.

땅에 넘어진 사람은 땅을 짚고 일어선답니다. 사람으로부터 얻은 상처는 사람으로부터 치유된다는 말인 듯 합니다. 꼭 이겨내세요.

처네 이야기

깃털처럼 가벼워지고 있는 당신에게 어쩌면 마지막이 될지도 모르는 편지를 씁니다. 인간의, 성인의 몸무게가 25킬로그램이라는 것을 저는 상상도 할 수 없습니다. 제 육중한 몸무게를 보면서 그런 생각을 해 봅니다. 나는 정말 무거운 사람이구나, 몸의 체중을 나눠줄 수 있다면 제 영혼과 육체의 구동을 담당하고 있는 이 무거운 몸의 근육을 나누어 주고 싶다는 생각이 듭니다. 하지만 나누어 먹을 수 있는 콩조각도 아니고 살아 있는 인간의 몸을, 근육을 어떻게 갈라내거나 도려 낼 수는 없는 노릇이어서 마음만 안타까울 따름입니다. 딸들이 25킬로그램도 안 나가는 당신의 몸을 보면서 날마다 병원 침대모서리를 붙들고 돌아서서 소매 끝을 훔친다는 얘기를 들으며 마음이 편치 않습니다. 사실 인간의 목숨은 인간의 힘으로는 어쩔 수 없는 것 같습니다. 인간의 목숨을 좌지우지 하는 것은 신의 영역인거지요. 태어날 때도 내 맘대로 태어나지 못했듯 죽을 때도 내 맘대로 목숨을 연장하는 일은 못하는 게 인간 아니던가요? 집안에 병을 고치는 의사가 있으면

뭐합니까? 목숨을 살려낼 아무런 힘이 되질 못하는 걸, 60킬로그램 남짓 되었던 몸무게가 이제는 곡식으로 얘기하면 서 말가웃 정도 밖에 안 되다니, 사람이 그렇게도 가벼워질 수 있나? 의아할 따름입니다.

죽음 앞에서도 의연하고 담담하게 삶을 정리하시는 모습에 마음이 아픕니다. 인간도 자연의 일부이기 때문에 자연으로 스며드는 것도 인간이라는 동물이 자연에서도 배워야 할 점이 아닐까요?

요즘은 몇 년 전 단풍철에 돌아가신 시어머님 생각이 더러 납니다. 아마도 설 무렵이서일 겁니다. 자식들에게 무척 잘하셨고 헌신하셨던 분이셨습니다. 가난한 살림에도 오남매를 어떻게든 먹여 키우려고 애쓰셨습니다. 그 시절의 어머니, 어느 한분도 자식을 위해 그런 정성 안 쏟으신 분 없겠지만 제가 결혼을 해 살 때도 말없이 김치를 담가다가 제 집에 놓고 가시곤 했습니다. 그럴 때마다 그 김치가 얼마나 맛나던지, 남편이 좋아하는 갈비, 만두며 잡채를 만들어 놓고 갈 때마다 그 정성에 가슴이 뭉클하곤 했습니다. 그런데 그런 어머님이 몇 년 전 추석부터 행동이 이상하더니 설에 만났을 때는 음식을 장만하던 손을 놓으시고 병을 얻어 아들이 오는지 가는지 설이 오는지 가는지 자식들이 밥을 먹는지 마는지도 모르시는 상태에 이르렀습니다. 결국 어머님은 아가씨가 수발을 들다가 도저히 힘이 들어 가족들과 상의 후에 요양원에 보내지게 되었습니다. 요양원에 보내놓고 가까이 사는 아주버님은 요양원 문턱이 닳도록 들락거렸습니다. 아마도 아주버님 생각에 요양원에 보낸 게 못내 마음이 편치 않았던 모양입니다. 현대판 고려장이라고 중얼거리며 자책을 하기도 했습니다. 그런 어머님은 남편이, 어머님이 만들어주신 잡채를 먹고 싶어 한다는 것도 모른 채 요양원에 갇혀 지내게 되었습니다. 봄이 오면 채마밭에 나는 싹을 보면서 어서 콩을 심어야지, 옥수수를 심어야지, 감자를 심어야지 했을 텐데 아무것도 모른 채 눈빛만 말갛게 어린아이가 되어 있었습니다. 하루종일 침대에 누워만 계셨습니다. 저는 그게 하도 애잔하여 그런 어머님을 업어주고 싶었습니다. 그래서 한날은 우리아이들이 자랄 때 사용했던 처네를 가지고 갔습니다.

역시나 어머님은 창밖으로 봄바람이 살랑인 줄도 모르고 있었습니다. 저는 어머님을 일으켜세워 등에 업고 처네로 맸습니다. 어머님은 얌전하게 내 등에 업혔습니다. 어머님의 몸은 삭정이처럼 말라 뻣뻣하게 굳어 있었지만 저는 아랑곳하지 않고 엉덩이를 토닥거리며 어릴 때 제 아이들에게 했던 것처럼 어머님이 불렀던 자장가를 불러드렸습니다. 엄마가 섬그늘에 굴 따러 가면 아기가 혼자 남아 집을 보옵니다. 제가 흥얼흥얼 노래를 부르자 어머님은 제 등에서 그렇게 잠이 드셨습니다. 어머님은 얼마간을 그렇게 하늘로 올라갈 준비를 하시다가 어느 날 홀연히 잠자듯 세상을 떠나갔습니다.

사실 제가 살던 고향은 완도 바닷가였습니다. 그래서 어릴 때 저도 〈섬집아기〉처럼 성장했습니다. 혼자 집을 보거나 엄마의 등에 업혀 있거나 요람(바구니)에 실려 어른들의 일터인 바닷가에 있기도 했습니다. 그러다보니 〈섬집아기〉라는 노래에 정이 많이 갑니다. 그 〈섬집아기〉는 바로 저이기 때문입니다. 그 노래를 어머님은 제 아이들에게 많이 불러주셨습니다.

당신은 그렇게 몸져누워 있는 시어머님의 안부나 우리가족들 안부를 물어왔습니다. 제가 가족들 때문에 힘들어 할 때 당신이 삶을 살아오면서 깨닫게 된 성찰과 삶의 지혜가 묻은 편지는 제게 많은 감동을 주었고 마음의 위로가 되었습니다.

지금 당신은 이 세상의 많은 인연과 이별을 준비하고 있습니다. 깃털처럼 가벼워진 당신을 한번 업어주고 싶습니다. 당신이 내게 준 따뜻한 말 한마디, 위로, 감동을 제 등에 실어보내고 싶습니다. 하지만 당신의 자식들이 있는데 등에 업히는 것은 당신 자식들 몫으로 남기고 이것 또한 어쩌면 마지막 선물이 될지도 모른다는 생각을 하면서 목성균님의 〈누비처네〉 한권 보냅니다. 책을 좋아하셨던 당신께 이 겨울에 어울릴 듯합니다.

저문 날의 풍경

온다 온다 저 총각이 온다온다 저 총각이
꼴을 베던 손을 멈추고 요리꼬불 저리꼬불
지겟발목 장단치며 날 따라오네

싱그을 벙그을 총각 얼굴 두근두근 처녀가슴 용솟음치네

일흔이 넘은 사촌언니가 걸망이라도 진양 어깨춤을 덩실거리며 이 노래를 흥얼거리고 있습니다. 공원을 걷다가 어느 날 언니에게서 듣게 된 이 노래를 저도 모르게 어깨를 들썩이며 흥얼거리고 있습니다. 무슨 노래냐고 물으니 언니가 처녀 적에 불렀다는 노래랍니다. 항간에 떠도는 노래를 그냥 불러본 건데 사실 이 노래를 들으며 그 가사가 얼마나 정겹고 예쁜지 언니가 이 노래를 씩씩하게 부를 때마다 나는 빙그레 웃음이 나온곤 합니다. 노래든 춤이든 그림이든 예술적 감흥은 그 노래에 얽힌, 춤에 얽힌, 그림에 얽힌 내용들 때문에 감동을 받는 것 같습니다. 이 노래에서 느껴지는 처녀와 총각의 모습이 그려져 미소가 지어지는 것이겠지요? 선연히 떠오르는 처녀 총각의 설레고 두근거리는 가슴이 느껴지는 노랫말입니다.

1942년생인 사촌 언니는 아홉 딸들 중에 셋째 딸입니다. 저와는 20년 터울이 넘지만 이 언니의 옛날 살아온 이야기를 들을 때면 밤이 깊어도 시간 가는 줄 모릅니다. 친구들과 바느질 하던 얘기며 들나물 캐러 다니던 얘기며 소 먹이러 다니던 얘기며 친구들과 놀던 얘기들은 언제 들어도 재미있습니다. 하지만 수다 떨기 좋아하고 남한테 듣기 좋은 소리로 얘기하기 좋아하던 언니가 요즘은 외로움을 느끼는 모양입니다. 우리 집에 와서 수다 떨기가 쉽지 않기 때문이지요. 이렇게 우리 집에 오고 싶어 하는 언니를 엄마는 싫어합니다. 이유는 언니가 자기밖에 모른다는 것입니다. 하지만 저는 그런 언니의 형편과 처지를 이해합니다. 어렵게 살아온 언니의 살림을 알게 되면 언니가 늘 하던 말 친척 중에 누가 큰일을 당하거나 축하할 일이 있거나 할 때도 "다 저저금 알아서 형편껏 십시일반 하면 되지야, 있는 놈들은 좀 더 내고 없는 놈들은 좀 덜 내고 어쩌겄냐? 그렇게 해야제." 어쩌면 그게 변명으로 들릴지 모르지만 그게 언니의 마음이라는 생각이 듭니다. 언니의 처지는 늘 좋은 편은 아니어서 늘 말로 빚도 갚고 위로도 하는 언니를 볼 때마다 형편껏? 잘살고 있다는 생각이 듭니다.

저는 그 언니의 수다가 듣기 좋습니다. 그래서 우리 집에 오면 늘 옛날 살았던 이야기를 청해 듣습니다. 언니는 바느질도 잘합니다. 이 언니가 태어나 조금이라도 교육의 혜택을 받았다면 아마 지금쯤 솜씨 좋은 의상디자이너가 되었을 것입니다. 못내 제가 아쉬워하는 부분입니다. 사람이 살다 보면 좋은 기회를 만나 자기 뜻을 펼칠 기회를 얻는 경우도 있고 좋은 솜씨나 재능을 갖고 태어났더라도 그 기회를 얻지 못하면 그만 세상의 흐름 속에 드러나지도 않고 묻히고 맙니다. 언니는 잠 안 오는 밤 열심히 바느질을 하여 만든 옷을 들고 가끔 우리 집에 옵니다. 그저 좋다고 멋지다고 잘 만들었다고 패션디자이너라고 가져온 옷을 입고 거울에 비춰보고 몸에 대보고 좋다고 하면 언니는 너밖에 없다면서 입이 벙그러지며 좋아합니다. 언니는 오늘도 옷본을 떠놓고 원피스면 원피스 투피스면 투피스 코트며 자켓 셔츠 바지까지 척척 만들어 냅니다.

잠 안 오는 밤에 그것을 만들어냅니다. 하지만 다른 언니들한테 내 놓으면 그다지 환영받지 못합니다. 언니들은 요즘 좋은 옷이 얼마나 많이 나오는데 입지도 못할 옷을 내 놓고 입으라고 하냐고 수근거립니다. 그러면서 언니는 오천원씩만 내라, 내가 봐준다 하면서 천 값이여, 하면 기꺼이 한두 벌 골라 가는 언니들도 있고 대 놓고 언니 이런 거 인제 그만 만들어 등골 휘겄다 하면서 만류 하는 측도 있습니다. 하지만 저는 언니가 만든 옷을 기꺼이 잘 만들었다고 몸에 맞춘 듯 맞다고 가져다 입습니다. 사실 옷이 튼튼하긴 한데 늘 뭔가 좀 아쉽습니다. 색상이나 디자인이거나 바느질이거나 하지만 옷 만드는 일이 잠 못 이루는 밤이나 심심한 날이라니 그것은 언니의 외로움이요 쓸쓸함이요. 잠 못 이루는 값이니, 재봉틀 앞에서 다그락 다그락 바느질을 하는 언니의 노동의 값이라 생각하고 저는 기꺼이 언니의 옷을 입어줍니다.

마흔 무렵 홀몸이 되어 아들 삼형제를 대학까지 가르치고 키우며 일당 받는 노동일이며 청소일이며 안 해본 일이 없다는 언니입니다. 언니가 지냈던 1960년 무렵의 농촌은 다 그랬습니다. 목가적 풍경이었을 수도 있는 소먹이는 처녀를 떠올리면 됩니다. 저는 언니의 처녓적을 떠올리며 노래를 부릅니다. 온다 온다 저 총각이~ 온다 온다 저 총각이 꼴을 베던 손을 멈추고 지게발목 장단치며 날 따라온다.

어느 시골 마을에 한 처녀를 좋아하는 총각이 살았는데 이 총각은 소를 모는 목동이고 처녀는 달덩이처럼? 아름답습니다. 처녀가 지나가는 산모롱이에서 총각이 꼴을 베고 있습니다. 그때 처녀는 광주리에 새참이라도 내어가는지 산모롱이를 돌아갑니다. 이 처녀는 뒤통수에 따갑게 느껴지는 총각의 시선을 온 몸으로 느끼며 걷습니다. 총각이 꼴을 베던 손을 멈추고 꾸불꾸불 길을 까딱까딱 지게 발목에 장단을 치며 자신의 뒤를 따라오고 있다는 것도 압니다. 게다가 처녀도 그런 총각이 싫지 않은 눈치입니다. 총각도 수줍게 지나가는 처녀가 좋습니다. 총각얼굴은 싱글벙글 처녀가슴은 두근두근 설레기만 합니다.

언니가 그 노래를 부를 때마다 마흔 무렵에 간경화로 돌아가신 형부가 생각납니다. 언니가 노래를 부릅니다.

온다 온다 저 총각이/ 온다온다 저 총각이/ 꼴을 베던 손을 멈추고/ 이리꼬불 저리꼬불/ 지겟발목 장단치며/ 날 따라오네.

사랑이 이상과는 달라서 살아있는 동안 형부와는 늘 다투고 티각태각 했지만 어쩌면 언니는 그 노래를 부르며 형부를 그리워했을 수도 있고 또 다른 아름다운 사랑과 연애를 꿈꾸었을지도 모릅니다. 어떤 경우에든 살아있다는 것은 신나는 일입니다. 왜냐고요? 무언가를 꿈꿀 수 있기 때문입니다.

하늘의 별이 된 당신

봄비가 부슬부슬 오는 창가에 앉아 목련꽃봉오리를 바라보니 눈물이 납니다. 그래요 얼마 전까지는 그렇지 않았어요. 당신이 떠나는 날만 해도 그렇지 않았어요. 담담했어요. 인간의 목숨은 하느님의 필적이다, 라고 생각하면서 스스로를 위로했어요. 당신이 그렇게 떠나고, 날이 얼었다 풀렸다 기온이 내려갔다 올라갔다 하더니 비로소 따뜻한 봄바람을 싣고 봄비가 내리고 있습니다. 당신은 이 세상에 없습니다. 며칠 전까지만 해도 보내준 '책 잘 읽고 있어요. 고마운 사람! 힘이 없어 말을 잘 할 수가 없어요. 미안!' 이라고 문자를 보내왔습니다. 『누비처네』를 읽고 있다는 얘기였습니다. 마지막으로 온 힘을 다해 써 내려갔을 그 문장을 보니 마음이 아픕니다. 말로 표현하고 싶었겠지만 이제 다 소진된 몸의 기운을 느낀 당신은 미안, 이라는 말로 대신했습니다. 미안! 저는 그 낱말 속에서 당신의 따뜻한 마음을 읽습니다. 함께 하고 싶은 시간들을 함께 하지 못해 미안하고 당신이 꿈꾸던 인생을 살고 싶었는데 그러지 못해 미안하고 어떻게든 살아나 그리운 사람을 보는 게 소원이었는데 살아내지 못해 미안하기만 한 당신의 마음을 압니다. 당신은 이 지상에 버릴 거 다 버리고 깃털처럼 가벼워져 아지랑이 아롱대는 봄날 속으로 손 흔들며 떠나갔습니다.

책을 읽는 것을 좋아했던 당신은 참 따뜻하고 아름다운 사람이었습니다. 어릴 때는 영특했고 공부에 대한 열정도 대단했다고 합니다. 처녀시절에는 한 사람을 사랑하였으나 그 사랑 이루지 못하고 당신의 기력이 다하는 그 시간까지도 그 사람을 그리워했습니다.

외손녀를 돌보고 있던 몇 년 전 손녀가 배우는 피아노 시간을 10분만 당신이 쓰면 안 되겠느냐고 하여 피아노 선생을 당혹스럽게 한 적이 있었습니다. 정말 젊어서부터 아니, 어려서부터 피아노를 배우고 싶었는데 가난하고 돈이 없어 배우질 못했다, 손녀가 쓸 10분을 남겨 당신이 쓰면 안 되겠느냐고 부탁을 하였을 때 피아노 선생은 당신에게서 다른 사람에게서는 찾아볼 수 없는 열의가 느껴져 10분을 당신에게만 특별히 허락했습니다. 당신은 그 시간으로 열심히 피아노를 쳤습니다. 10분을 모아 배운 실력으로 어느 날은 제게 멋진 피아노 솜씨를 들려주었습니다. 그때 댕댕 동동거리는 피아노 소리가 어찌나 아름답던지 지금도 〈아드린느를 위한 발라드〉를 들으면 당신 생각이 납니다. 가을 해거름에 들었던 그 피아노 소리는 아직도 귀에 쟁쟁합니다. 그렇게 솜씨 좋게 빚어내던 피아노 선율도 이젠 들을 수가 없습니다. 사람은 아무리 많은 재주를 가지고 태어나도 죽으면 그만이라는 허망한 생각이 들었습니다. 그 사람의 솜씨, 그 사람의 감성, 그 사람의 열정, 그 사람을 대신할 것은 아무것도 없습니다.

당신은 돌아가시기 며칠 전부터는 늘 등에 노란질빵을 짊어지고 다녔다지요? 따님들은 그 속이 무척 궁금하였답니다. 하지만 당신은 집에 있을 때는 가만있다가도 병원에 입원할라치면 병원으로 그 노란질빵을 짊어지고 입원을 하고 퇴원을 하는 날이면 또 그 질빵을 짊어지고 집으로 돌아가곤 하였답니다.

어느 날 따님은 신주단지 모시듯 하는 그 질빵 속이 궁금하여 진료를 받는 동안 병실에 있는 질빵을 열어보니 그 곳에는 다른 사람들과 주고받았던 편지며 그동안 써온 글들이 한 짐이나 되었답니다. 모아 철해놓은 것을 아끼며 읽어보고 또 읽어보고 짊어지고 다녔던 것입니다. 손주를 보러 대전에 와 있는 동안 남편은 이사를 한다고 이것저것 정리를 하다가 당신이 일생에 걸쳐 써 온 글을 폐휴지로 알고 버렸다지요. 당신은 버렸다는 그 말을 듣고 속이 상하여 어디에 버렸느냐 왜 그걸 버렸느냐 내가 어떻게 쓴 것들인데 남편을 원망하면서 고물상이며 쓰레기장으로 그걸 찾아 헤맸다지요. 그런데 끝내 찾지 못해 마음만 아팠다는 얘기도 들었습니다. 당신의 습작품들이 그만 폐휴지에 함께 버려졌던 수난을 겪으면서 당신은 습작품들을 잃어버리지 않으려고 애지중지 질빵에 넣어 다녔던 것입니다. 당신이 지상에 있을 때 엄청난 작품을 써서 이 세상을 놀라게 하는 작가가 되거나 놀랄만한 작품을 남기지는 않았지만 저는 당신이 누구 못지않은 열정을 가지고 세상을 살았다는 것을 압니다. 그러기에 저는 당신에게 이 세상의 마지막이자 한명인 열렬한 독자입니다. 그러니 기억하세요. 당신은 결코 외롭지 않다는 것을.

저는 당신의 따뜻한 마음을 기억합니다. 동생을 병으로 먼저 보내고 크게 슬퍼하고 있을 때 당신이 보내온 마음을 담은 편지글과 따뜻한 말 한마디가 제게는 큰 위로가 되었습니다. 동생이 죽고 남겨진 조카들 때문에 그 또래 아이들만 봐도 눈물이 나고 새싹만 봐도 눈물이 나고 동생이 먹고 싶다던 된장국만 끓여도 가슴이 먹먹해지는 날들이었습니다. 슬픔을 간직한 사람한테 가장 큰 위로는 따뜻한 말 한마디입니다. 그냥 힘들지, 마음 아프지, 슬프지, 한번 안아주고 등 토닥여 주면 되는 것입니다.

그런 당신은 사랑시 하나를 써 두고 선운사에 가보고 싶다더니 끝내 선운사 상사화도 못 보고 마치 조금 놀다가 숙제해야지 하는 아이처럼 곧 할 것처럼, 다시 올 것처럼 하고서는 이 세상의 모든 짐을 내려놓고 떠나버렸습니다. 상사화란 시와 그 목소리 아직도 들리는 듯합니다. 조금 떨리는 듯한 음성으로 곽재구의 〈사평역〉을 읽어도, 도종환의 〈흔들리며 피는 꽃〉 김용택의 〈그 여자네 집〉을 읽을 때도 참 좋다,라는 생각을 했습니다. 당신이 읽은 시들은 모든 사람들에게 작은 울림을 주었습니다. 당신이 어떤 문장의 글을 읽어도 사람들은 모두 당신의 시에 당신이 읽은 시에 공감하고 감동하였습니다. 그래서 당신을 한번 본 사람들은 죄다 당신을 좋아하게 된 것 같습니다. 슬픈 목소리를 지닌 사람들이 가끔 있습니다. 아마도 당신은 그런 목소리를 가진 사람 중의 한 사람이 아니었나 싶습니다.

당신에게 보낸 이 편지도 여기서 끝을 맺어야 할 것 같습니다. 사람은 살아있을 때 아름답습니다. 제가 당신에게 있어서 살아있는 동안 당신의 기억 속에 따뜻한 사람이었기를 바랍니다. 지금껏 살아오면서 저는 당신을 가장 마음 따뜻한 사람으로 기억하고 있습니다. 남의 마음을 헤아려 위로해 주는 아름다운 사람으로 기억하겠습니다. 당신을 잊지 않겠습니다. 선하고 올곧게 살았던 당신은 제 인생의 거울이었습니다. 이 지상에서의 힘들었던 기억일랑 지우고 부디 저승에 가서도 아름다운 사람들과 만나서 행복하게 지내세요. 그리고 미안해 하지도 마세요. 그립고 그리워도 이제 볼 수 없는 사람이 된 지금도 저는 당신을 사랑합니다. 안녕.

동백꽃 그 여자

전춘희 에세이

발 행 일 | 초판 1쇄 2014년 12월 17일
2쇄 2022년 12월 17일
지 은 이 | 전춘희
발 행 인 | 李憲錫
발 행 처 | 오늘의문학사
출판등록 | 제55호(1993년 6월 23일)
주 소 | 대전광역시 동구 대전로 867번길 52(삼성동 한밭오피스텔 401호)
전화번호 | (042)624-2980
팩시밀리 | (042)628-2983
카 페 | http://cafe.daum.net/gljang(문학사랑 글짱들)
전자우편 | hs2980@hanmail.net

공 급 처 | 한국출판협동조합
주문전화 | (02)716-5616
팩시밀리 | (02)716-2999

ISBN 978-89-5669-657-7
값 10,000원